살림만 하던
옆집 언니는
어떻게
작가가 되었을까?

살림만 하던 **옆집 언니는** 어떻게 **작가가 되었을까?**

초판 1쇄 인쇄 _ 2021년 1월 15일
초판 1쇄 발행 _ 2021년 1월 20일

지은이 _ 정경숙

펴낸곳 _ 바이북스
펴낸이 _ 윤옥초
책임 편집 _ 김태윤
책임 디자인 _ 이민영

ISBN _ 979-11-5877-222-2 03190

등록 _ 2005. 7. 12 | 제 313-2005-000148호

서울시 영등포구 선유로49길 23 아이에스비즈타워2차 1005호
편집 02)333-0812 | **마케팅** 02)333-9918 | **팩스** 02)333-9960
이메일 postmaster@bybooks.co.kr
홈페이지 www.bybooks.co.kr

책값은 뒤표지에 있습니다.
책으로 아름다운 세상을 만듭니다. — 바이북스

미래를 함께 꿈꿀 작가님의 참신한 아이디어나 원고를 기다립니다.
이메일로 접수한 원고는 검토 후 연락드리겠습니다.

살림만 하던
옆집 언니는
어떻게
작가가 되었을까?

정경숙 지음

바이북스
ByBooks

꿈꾸기에 좋은 시기

'나는 잘 살고 있는 걸까?'

'이대로 살아도 되는 걸까?'

'내가 잘하는 일, 내 재능은 뭘까?'

'내가 좋아하는 건 뭐지?'

이십대 시절부터 끊임없이 나를 괴롭혔던 질문들이다. 중년이 될 때까지도 나는 이 질문에서 자유롭지 못했다.

자신이 원하는 일과 잘할 수 있는 일이 무엇인지 정확히 아는 사람은 채 10퍼센트도 되지 않는다고 한다. 하지만 당시에는 나만 그런 줄 알았고, 그런 내가 얼마나 한심하고 바보 같았는지 모른다. 그 시절 당장 내 힘으로 바꿀 수 없는 상황이라고 해도 부딪쳐보고 노력이라도 했으면 어땠을까?

나는 인생을 바꿀 만한 완벽한 순간을 기다리기만 했다. 나를 알아주지 않는 사회를 원망했고, 부족한 재능을 아쉬워했다. 그렇게 고민만 하다가 이십대를 보냈다.

결혼하고 시간이 지나면 나의 고민은 자연히 해결될 줄 알았다.

하지만 중년의 나이가 될 때까지도 나는 고민에서 벗어나지 못했다. 질문에 대한 답을 찾지 못했다. 해답을 찾기 위해 책을 읽기 시작했다. 천 권이 넘는 책을 읽고, 매일 글을 썼다. 다행히 내가 그토록 찾던 꿈을 발견했다. 글을 쓰는 사람, 감히 작가를 꿈꾸었다.

누군가 나에게 마흔의 기쁨을 묻는다면 이렇게 대답하고 싶다. 마흔은 내 안에 숨은 잠재성을 발견하기 가장 좋은 나이라고. 너무 늦지도 빠르지도 않은, 그야말로 무언가를 새롭게 시작하기에 딱 좋은 나이라고. 잘하지 못해도 좋고, 재능이 부족해도 좋으니, 오랫동안 꿈꿔오던 그 무엇을 꼭 걸음마를 시작하는 아기의 심정으로 배워볼 만한 나이라고. 더 이상 이게 과연 내 적성에 맞을까, 내가 과연 이 일에 재능이 있을까 스스로에게 과도한 질문을 퍼부으며 괴로워하지 않아도 좋을 나이.

-《마흔에 관하여》, 정여울, 한겨레출판

정여울 작가의 이 글에 진심으로 공감했다. 생각만으로도 머리가 지끈거리던, 꿈에 대한 고민을 이 글을 읽고, 마흔이 넘어가면서 조금은 가벼운 마음으로 정리하게 되었다. 물론 지금의 내 꿈이 최종 꿈이라고 말할 수는 없다. 예전에도 그랬듯 또다시 관심 분야가 바뀔 수도 있기 때문이다. 하지만 이제는 이런 나를 한심하게 여기지 않는다. 내가 하고자 하는 또 다른 욕망이 생겼구나 하고 인정하게 되었다. 이렇게 불확실하고 수시로 변하는 내가 불안하고 싫어지다가도 가끔은 잘하고 있다고, 멋지게 살고 있다고 자위하기도 한다. 이런 나에 대한 평가가 냉탕과 온탕을 오가는 것은 내가 불완전한 인간이기 때문이다. 얼마 남지 않은 사십대를 보내며 이제야 내 모습을 받아들이게 되었다.

나를 찾기 위해 시작한 독서와 글쓰기로 나의 본질과 만났다. 그리고 그것을 시작으로 책까지 쓰게 되었다. 삶이 공허했던 이유는 나를 제대로 알지 못해서였다. 이를 극복하는 가장 좋은 방법은 바로 글쓰기라는 사실을 글을 쓰며 알게 되었다.

이 책은 책 쓰는 방법을 다룬 책은 아니다. 방법론 책은 이 책이 아니어도 시중에서 얼마든지 만날 수 있다. 내가 고군분투하며 습작할 당시 찾던 책이 있었다. 바로 나와 같이 글쓰기를 시작한 사람의 경험이 담긴 책이었다. 나처럼 홀로 글을 쓰며 이런저런 시행착오를 겪고, 어떻게 끝까지 참고 꿈을 이뤘는지 그 과정을 담은 생생한 체험담을 읽어 보고 싶었다. 그런 책을 보며 위안도 얻고 격려도 받고 싶었다. 그러나 시중에 나온 책 쓰기 책의 대부분은 어떻게 책을 쓰는가에 대한 방법이나 기술에 관한 내용을 다루고 있었다. 그런 책은 '어떻게 쓰는가'에 대한 답은 줄지 몰라도 혼자 책을 써야 하는 사람에게 '끝까지 책을 쓸 수 있는 힘'을 주기에는 한계가 있었다.

그런 의미에서 실제로 내가 겪은 경험을 담은 글을 엮어, 누구나 글을 쓸 수 있다는 동기부여를 줄 수 있는 책을 내놓고자 마음먹었다. 그 마음으로 이 책을 기획했다.

나의 이 작은 책으로 그 누구든지 자신의 마음속에 숨겨진 작가 본능을 느낄 수 있기를 바랐다. 학창시절 누구나 한 번쯤은 작가의 꿈을 품어 보았을 것이다. 전문 작가의 꿈까지는 아니더라도 자신의 이야기를 책으로 엮고 싶다는 희망을 가져본 적은 있을 것이다. 하지만 대부분은 결혼하고 가족들을 돌보며 자신의 꿈과 희망은 마음 한구석으로 밀어놓았으리라.

삶이 허전해지는 중년의 시기. 그동안 잊고 있었던 꿈이 다시 떠오르지는 않는가? 다시 한 번 도전하고 싶은 마음이 불쑥불쑥 솟아오르지는 않는가? 마음은 굴뚝같아도 냉혹한 현실에 되살아나는 꿈을 다시 잠재우지는 않았는가? '주위에 날고 기는 사람이 수두룩한데 내가 어떻게 감히' 하며 지레 겁먹고 포기해버렸는가? 이런 분들에게 말하고 싶다.

"학교 다닐 때 글짓기로 상 한 번 타본 적도 없고, 학력 콤플렉스에 이렇다 할 만큼 이룬 것도 없는 나와 같은 사람도 해냈습니다. 그러니 당신은 더 잘할 수 있습니다. 마음 한구석에 접어둔 꿈, 다시 꺼내세요. 당신은 중년입니다."

되살아나려는 기미를 보이는 꿈을 외면하지 않기 바란다. 차근차근 꾸준히 글을 쓰고 자신을 믿고 묵묵히 걸어가기 바란다. 그렇게 1년, 2년을 계속 써 나가다 보면 자신에 대한 믿음이 생기고, 꿈이 조금씩 가까이 다가오는 것을 느낄 수 있을 것이다. 부디 나의 이 부끄러운 책이 조금이나마 도움이 되면 좋겠다. 좌충우돌, 나의 실패담을 통해 용기 내기를 기원한다.

책을 쓰면서 알게 된 사실이 하나 있다. 꿈을 찾고 싶어도 찾지 못해 방황하는 사람들이 의외로 많다는 것이었다. 겉으로 내색하지 않아도 그들 대부분은 나와 같은 고민을 알게 모르게 해왔으리라. 인생사는 모두 다르다지만 사람의 생각은 또 크게 다르지 않기 때문이다.

실제로 꿈을 찾았나, 이루었나 하는 문제는 그리 중요하지 않다. 그것은 성공 지향적인 사회에서나 필요한 말이다. 나는 꿈이라는 단어에 행복이라는 단어를 넣어 생각해보기로 했다. 꿈을 이루면 당연히 행복할 것이다. 그러나 꿈을 이루는 과정에는 행복만 자리하고 있지는 않다. 실패, 좌절, 불행이 반드시 차지하고 있다. 이들은 행복을 앗아가는 것은 물론 꿈을 이루는 것 역시 방해한다.

그런데 달리 생각해보면 꿈을 이루는 과정에서 실패와 좌절과 불행을 만난다고 해서 꼭 행복하지 않은 것은 아니다. 꿈을 향해 간다는 과정 자체가 행복일 수도 있다. 비록 꿈을 이루지 못한다고 해도 그 과정을 돌이켜보며 그 시간에 최선을 다한 자신을 생각하면 행복할 수 있을 것이다.

나 역시 꿈을 향해 가는 과정이 행복했던 것만은 아니었다. 힘들고 포기하고 싶고 좌절감에 모든 걸 놓아버리고 싶을 때도 많았다. 그러나 그 순간 힘겹더라도 한 걸음을 더 내딛다 보면 막막해 보이던 내 꿈이 조금은 가까워 보였다. 그 힘으로 나는 다시 나아갔다. 그 나아갈 수 있음이 행복했다.

꿈을 찾게 되고 실천해 가면서 중년은 꿈꾸기에 아주 좋은 시기라는 걸 깨달았다. 이십대처럼 치열하게 살지 않아도, 내가 대단한 사람이 되지 않아도 되니 그저 내 꿈을 이뤄가는 과정을 온전히 즐기기만 하면 되었다.

하루아침에 이루어지는 꿈이 없듯 단번에 책을 쓰기는 어렵다(물론 예외인 사람도 있겠지만). 그래도 매일 한 줄 또 한 줄 써 내려가다 보면 '나'에 대해 새롭게 알게 되고 '내' 욕구를 발견할 수 있을 것이다. 그 앎과 발견이 바로 꿈으로 가는 시작점이다. 어떤 일이든 위대함 뒤에는 작은 실천이 있다. 단번에 이루려는 욕심을 내려놓는 순간 당신은 쫓기지 않고 진정 자신의 꿈으로 가는 과정을 즐길 수 있다. 나이가 많다고, 재능이 없다고 작가의 꿈을 포기하지 마라. 당신의 그 포기가 미래의 위대한 작가가 될 싹을 허무하게 뽑고 있는 것인지도 모른다.

왜 이렇게 사는지 모르겠다고 자책하는 사람들에게, 자주 삶의 허무를 느끼거나 그날이 그날 같다는 중년 주부들에게 이 책이 삶의 작은 힌트가 되었으면 좋겠다. 이제 중년의 시기가 더 이상 암울하고 우울한 때가 아닌, 진정 자유를 누릴 수 있는 행복한 시기임을 이 책을 읽고 깨닫기를 바란다.

차례

Chapter 2

시시하지만 가슴 뛰는
꿈을 꾸기 시작했다

Chapter 3

냉수마찰로
정신 차린 여자

Chapter 4 _____

가정의 평화를 위해
엄마의 행복을 보장하라 _____

Chapter 5 _____

어제와 오늘과 내일이
조금씩은 다른 모습이기를 _____

Chapter 6

작가에 도전할 때
고민할 질문들

에필로그

Chapter 1

그날이 그날
같았던
하루를 넘어

평범한 행복은
평범하게
찾아오지 않는다

큰애가 세 살 때 놀이터 벤치에 앉아 아이가 노는 걸 멍하니 바라보고 있었다. 문득 교회에서 전도 나온 아주머니가 내게 말했다.

"꼭 내 젊을 때 모습 보는 것 같네. 나도 새댁처럼 젊었을 때 우울증 걸려서 몹시 힘들었거든."

'내가 우울해 보인다고?'

아주머니에게 정말 그렇게 보이냐고 되묻고 싶었다. 그러나 내 마음은 다른 질문으로 복잡해졌다.

'나 행복한데. 아니, 아닌가? 실은…… 안 행복한가?'

한때 나는 평범한 행복을 당연하게 누리며 살 거라고 믿었다. 살아오면서 이렇다 할 큰일을 겪지 않았기에 앞으로도 평탄한 삶이 계속 이어질 거라 생각했다. 하지만 삶은 우리가 전혀 생각지도 못한 방향으로 흘러가기도 한다. 나에게도, 나에게는 일어나지 않을 것 같던 일이 발생했다.

우리 맏이는 결혼한 지 6년 만에 낳은 귀한 아들이다. 아들을 낳기까지 나는 그동안 상상하지도 못했던 큰 아픔을 겪었다. 아이는 되도록 늦게 가지려 했던 우리 부부에게 신혼 초에 갑자기 아이가 생겼다. 아이가 생기면 조심해야 할 사항도 모르던 철부지 엄마는 건강한 아기를 낳기 위해서는 운동도 필요하다며 등산을 했다. 그리고 산에 다녀온 날 저녁, 자연 유산이 되어 첫 아이를 잃었다. 겨우 2개월 된 아기를 자연 유산으로 잃어 안타까웠지만 더 건강한 아이가 생길 거라는 희망을 품고 아쉬운 마음을 뒤로했다.

그러다가 몇 달 후 다시 아기가 생겼고, 무럭무럭 자라서 9개월이 되었다. 한 달 후에 태어날 아기를 위해 아기용품도 모두 준비해두었다. 태어나기 한 달 전에 이사를 했고, 이사한 첫날 큰언니와 집 대청소를 했다. 언니는 무리하지 말라고 했지만, 이 정도쯤이야 하며 조금 무리했던 것이 그렇게 큰일을 불러올 줄 몰랐다. 다음 날 새벽 갑자기 아기가 움직이지 않는 것 같아 일부러 불편한 자세를 해보았다. 다른 때 같으면 불편해서 바로 움직이던 아기였다. 그런데 움직임이 없었다. 불안한 마음에 남편을 깨워 부리나케 병원으로 향했다. 병원 응급실에 도착해서 진찰하고 초음파를 찍었다. 아기가 탯줄에 감겨 숨져 있었다. 나는 순간 멍해져 정신을 차릴 수가 없었다. 충격을 받고 정신을 놓을까봐 걱정이 된 남편은 내 뺨을 때리면서 정신 차리라고 외쳤다.

미련한 엄마가 아이 힘들 거라는 생각도 못하고 막달인 몸으로 그렇게 힘들게 일했으니 아이가 얼마나 고통스러웠을까. 내 자신이 밉고 싫었다. 정말 죽고 싶었다. 아무것도 눈에 들어오지 않았다. 눈물만 나왔고, 그 상황을 받아들이는 데는 한참의 시간이 걸렸다. 내 안에서 죽은 아기를, 의사는 클 만큼 큰 아기라 자연분만으로 낳아야 한다고 했다. 죽은 아기를 낳기 위해 똑같은 진통을 겪어야 했다. 아니 더 아픈 진통이었다. 살아 있는 아기는 탄생이 있는 기쁨의 분만이지만, 숨진 아기는 소멸만 있는 슬픔의 분만이었다. 낳아도 아기를 안을 수 없는 고통의 분만이었다.

그렇게 죽은 아기를 낳았다. 딸이었다. 나는 아기의 얼굴을 보지 못했다. 아기의 얼굴을 보면 내가 더 힘들어할까봐 병원 측에서 배려한 것이리라.

이 일이 있고 나서 나는 울보가 되었다. 원래는 눈물샘이 막혔는지 슬픈 영화를 보거나 슬픈 일이 생겨도 눈물이 잘 나오지 않던 나였다. 그런 내가 눈물샘이 터져버린 것이다. 갓난아기만 봐도 눈물이 났고 유모차만 봐도 가슴이 먹먹해졌다. '아기'라는 말을 들으면 눈에 눈물이 고였고, 슬픈 음악을 들으면 주책없이 눈물이 흘렀다.

몸조리를 위해 친정에서 3주가량 머물렀다. 남편은 퇴근 후 친정에 들러 나를 위해 이런저런 얘기를 하며 마음을 써주었다. 나중에 알고 보니, 그렇게 나를 위해 애써 웃음을 짓고 위로해주던 남편은 집에 가서 아기 옷과 신발을 껴안고 엉엉 울었다고 한다. 그리고 아파트 베란다에는 빈 소주병이 매일 채워져 가고 있었다. 내 앞에서 눈물을 보이지 않으려 애쓰던 남편이 집에 가서 얼마나 울었을지, 지금도 그때 생각하면 가슴이 먹먹해진다.

그렇게 힘겹던 날을 보내고 1년쯤 지나 다시 아이가 생겼다. 6개월쯤 되었을 때 초음파를 찍던 의사가 뭔가 이상하다며 자꾸 고개를 갸웃거렸다. 또다시 가슴이 덜컥 내려앉았다. 불길한 예감은 빗나가지 않았다.

"정상적인 아이에 비해 목 두께가 두껍네요. 다운증후군이 의심됩니다."

의사의 오진이기를 바라며, 대학병원에 가서 정밀 검사를 받았다. 검사 결과 아기는 염색체가 하나 더 있는 다운증후군이었다. 하늘이 무너진다는 말을 이럴 때 쓰는 걸까? 오랜 고민 끝에 아기를 지우기로 했다. 왜 자꾸 내게만 이런 일이 생길까? 하늘을 얼마나 원망했는지 모른다.

당시 나는 누군가 한마디 말만 하면 폭발할 것처럼 예민해져 있었다. 아기를 지우고 난 후 큰언니가 내게 이런 말을 했다.

"너도 힘들겠지만 엄마 앞에서 너무 울지 마라. 그걸 보는 엄마가 더 속상하실 테니까."

내가 가장 믿고 의지하는 큰언니였지만, 그 말을 듣고 얼마나 속상하고 야속했는지 모른다. 아무리 엄마가 힘들다고 해도 아이를 잃은 나만큼 힘든 사람이 어디 있겠는가. 엄마 걱정하는 마음은 알겠지만 그 상황에서 나온 언니의 말은 나를 더 아프게 했다.

한번은 엄마한테 크게 화를 낸 일이 있었다. 유산을 하고 몇 달 후, 설 명절에 엄마에게 세배를 했는데 이런 덕담을 하셨다.

"올해는 떡두꺼비 같은 아들이나 한 명 낳아라."

그 말을 듣는 순간 갑자기 화가 머리끝까지 나서 소리를 질렀다.

"아니, 사정 모르는 사람도 아니고, 어떻게 엄마가 그런 말을 할 수가 있어? 아들이나 딸이나 건강한 아이 낳으라고 해야지, 이 상황에서 아들 타령이야!"

그 시절 모든 사람들이 나를 공격하는 것처럼 보였다. 사소한 말도 가시가 되어 나를 찌르는 듯했다. 어쩜 그렇게 생각 없이 말하고 행동하는지 모두가 밉고 싫었다.

우울증을 겪었다. 그러나 나락으로 떨어지지는 않았다. 다행히 힘든 시기를 잘 보낼 수 있었던 것은 남편의 힘이었다. 남편의 힘이 컸다. 남편은 항상 나를 먼저 배려해주고 내가 우울해지지 않도록 많은 노력을 기울였다.

그렇게 힘든 시기를 지나 마침내 건강한 아들을 낳게 되었다. 떡두꺼비 같은.

'내 삶에서 일어나는(혹은 일어나지 않는) 모든 사건은 내 삶의 목적을 성취하는 데 필수불가결한 것'이라는 관점을 취하라. 이런 가정은, '세계가 어떻게 보이든 간에 나는 내게 주어진 것을 토대로 배우고 성장하여 다음 단계를 선택할 수 있는 능력을 지니고 있다'는 인식을 가져다 준다. '이제 나는 내 목적이 뭔지 알았어' 하는 식의 번개 같은 깨달음이 들기를 기다릴 필요가 없다. 매순간을 '본래의 나'가 되는 기회로 여기는 것이 중요하다. 삶의 모든 순간에서 목적을 찾는 태도는 나를 둘러싼 에너지장 전체를 변화시키는 힘을 발휘한다. 기억하라. 당신의 외부세계는 당신의 내면 세계의 직접적인 반영이다.

　　　　　　－《하고 싶은 일을 하며 살아라》, 캐롤 에이드리엔, 청년사

　이런 일을 겪기 전까지 내 인생은 평탄할 것이고 앞으로도 쭉 그럴 거라는 자만에 빠져 살았다. "평범한 연애는 없다"라는 어느 드라마 속 대사처럼, 평범한 삶이란 없다. 겉으로 보기에 평범해 보일 뿐이지, 순탄해 보이는 삶 속에도 분명 우리가 알지 못하는 아픔이 감춰져 있을지 모른다. 그 아픔을 참고 견디고 받아들이기에 겉으로는 보통의 일상을 사는 것처럼 보일 뿐이다. 저자 캐롤 에이드리엔의 말처럼, 내 삶에서 일어나는 모든 사건은 결국 내 삶을 위한 것이었다. 아들을 만나기 전까지의 모든 사건도, 아들을 만난 사건도 '나'를 위한 것이었다. 이 모든 사건들을 통해 인생을 배운 나는 다음 단계로 나아가야 한다.

평범함은 그냥 주어지는 게 아니라는 걸 힘든 일을 겪고 나서야 알았다. 힘들게 아기를 만남으로써 보통의 일상에 감사하게 되었다. 내 삶의 중요한 가치인 가족의 소중함도 다시 한 번 되새길 수 있었다.

갓 태어난 아들을 품에 안고 병원을 나설 때 나는 세상 사람들에게 외치고 싶었다.

"나도 이제 아이가 생겼다! 이렇게 건강한 애가 내 아기다!"

하지만 마음속으로만 외쳤다. 그 외침을 마음속에 담아둔 것만으로도 충분히 행복했다.

우리 부부는 아들을 보며 너무 신기해서 밥 먹는 것도 잊고 아이 얼굴 쳐다보기에 바빴다. 아들이 자고 있을 때는 숨 쉬고 있는지 흔들어 보기까지 했다. 어느 순간 또다시 불행의 그림자가 드리워지지 않을까 걱정하면서 조심스럽게 행복을 만끽했다. 아기를 키우면서 나는 집에 들어온 벌이나 나방도 죽이지 않고 살려서 밖으로 내보냈다. 혹시나 우리 아이에게 해 되는 일이 생기지 않을까 하는 마음에서 조심 또 조심했다.

누워서만 지내던 아들이 몸을 일으켜 앉게 되면서 남편은 더 바빠졌다. 넘어져 머리를 다칠까봐 앉는 곳마다 따라다니며 이불을 깔아 주었다. 그렇게 아들을 키우는 3년은 우리 부부에게 너무도 행복한 시간이었다.

그런데 내가 우울해 보인다고 하니 어찌 충격이 아닐 수 있을까. 그것도 처음 보는 사람한테 그런 말을 들으니 충격이 클 수밖에 없었다.

'전도 나온 아주머니가 왜 전도는 안 하고 엉뚱한 말을 할까?'

큰애를 임신했을 때 하나님께 얼마나 간절히 기도했는지 모른다. 교회도 안 다니는 내가 그렇게 간절히 하나님을 찾았다. 하나님뿐만 아니라 부처님이든 그 어떤 신이든 기도를 드렸다. 아이만 건강하게 태어난다면 더 이상 욕심 부리지 않겠다고 다짐했고, 태어나서는 그런 감사의 마음으로 정성껏 키웠다. 이런 감사함을 언제까지나 간직하며 키울 거라 믿었다.

누구보다 아이를 잘 키우기 위해 수많은 육아서를 읽었고, 언행도 조심했고, 손수 이유식을 만들어 나쁜 환경으로부터 아이를 지키고자 노력했다. 밥을 먹지 않으면 큰일 나는 줄 알고 반드시 먹이려 했고, 아이가 먹지 않으면 전전긍긍했다(왜 그때는 그렇게 밥 먹이는 것에 집착했는지 모르겠다).

하지만 살다 보니 반복적인 일상이 예전의 나로 되돌려놓았다. 너무 잘하려고 하면 오히려 일이 더 꼬이기 마련인데, 그때는 이 평범한 진리를 생각할 겨를이 없었다. 잘하려는 마음에 아예 생각 저편으로 보내놓기도 했었다. 나는 내가 계획한 대로 되지 않으면 스트레스를 받고, 아이를 다그쳤다. 그러다가 아이를 몰아세운 것에 죄책감이 들어 의기소침해졌다. '나는 나쁜 엄마인가봐' 생각하며 자책도 했다. 그저 아이를 마음 편하게 해주면 되는데, 아이의 상황을 그대로 받아들여주면 되는데, 그때는 그러질 못했다. 책 속에 나오는 훌륭한 엄마, 멋진 엄마가 되기 위해 너무 욕심을 부렸던 걸까? 결국 우울증에 걸렸다.

당시 어떻게 해서 마음의 어두운 터널을 벗어났는지, 뚜렷하지는 않다. 다만 아이 또래 엄마들과 어울리다 보니 우울증은 애를 키우면서 대부분이 겪는 열병 같은 거라는 사실을 알게 되었다. 동병상련의 사람들을 통해 위안을 얻으면서 우울증이 다소 진정이 되었다고 생각한다.

우울증은 가라앉았지만, 그동안 마음속 깊이 박혀 있던 또 다른 고민들이 수면 위로 떠올랐다. 인정받고 싶고 의미 있는 존재가 되고 싶다는 욕구였다. 어쩌면 그때의 나는 성장하고 있다는 느낌이 필요했는지도 모르겠다. 돌이켜보면, 그 시기가 내 인생에 있어서 다른 국면으로 접어들거나 한 단계 올라가야 할 때라는 것을 알려주는 신호였다고 생각한다. 전도하러 나온 아주머니는 내게 그 신호를 전달하기 위해 누군가 보낸 전령사였는지도 모른다. 그 시절 나는 순탄하게 살 거라는 막연한 믿음으로 아무것도 하지 않고 살고 있었다.

인생이란 어떠한 경우에도 꿈 없이는 지탱되지 못하는 것 아닌가? 꿈이 없는 사람이라면 혹은 어느 결에 포기해 버린 사람이라면 그의 인생은 사는 것이 아니라 그냥 삶을 견디는 것이리라. 그때부터 세월 앞에 무자비하게 방치되어 너무도 갑작스럽게 늙어 버리지 않을까.

- 《나는 그림에서 인생을 배웠다》, 한젬마, 명진출판

나는 꿈 없이 살고 있었고, 그래서 갑작스럽게 늙어버렸던 것인지도 모른다. 그 노화를 처음 보는 아주머니에게 들켰던 것인지도 모른다.

꿈, 다시 꿈꾸어야 할 때였다. 그때 그 생각이 내 마음 깊은 곳에서 조금씩 움트기 시작했던 것이다.

당신은 누구십니까?

당신은 누구십니까?

나는 ○○입니다.

그 이름 아름답구나.

이 노래는 내가 초등학교 2학년 때 담임선생님이 자주 시키던 노래다. 쉬는 시간이나 비가 와서 소풍을 못 가는 날 오락 시간에 이 노래를 부르며 놀았다. 이 노래 놀이에는 규칙이 있다. "나는 ○○입니다"의 빈칸에 본래 이름을 넣는 것인데, 우리의 놀이에서는 이름을 넣으면 규칙 위반이다. 이름 대신 꿈이나 자신을 표현할 명사를 넣어야 한다. 장래희망이 될 수도 있고 별명이 올 수도 있다. 나는 이 게임이 얼마나 싫었는지 모른다. 당시 나에게는 장래희망도 없었고, 나를 대표할 만한 그 어떤 상징어도 없었기 때문이다. 재미있자고 하는 오락 시간이 나에게는 고문이었다. 학교 선생님이나 주변 어른들이 꿈을 크게 가지라고 말했지만 크게 가질 꿈은커녕 장래희망도 없었다. 더군다나 작가가 되겠다는 생각은 한 번도 해본 적이 없었다.

어쩌면 나는 누군가 정해주길 바랐는지 모른다. 어차피 인생에 정해진 답은 없다. 내가 선택한 길의 결과에 내가 어떻게 적응하고 맞추느냐는 것이 다를 뿐.

-《서른 살엔 미처 몰랐던 것들》, 김선경, 걷는나무

김선경 작가의 말이 그때의 꼭 내 심정이었다. 누군가 차라리 내 길을 정해줬으면 하는 마음이었다. 물론 고분고분 따라 할 나도 아니었지만 말이다. 나에게 나의 길을 찾는 것은 일생일대의 가장 어렵고도 힘든 일이었다.

나의 십대와 이십대는 방황과 혼돈의 시기였다. 집이 가난하니까 내가 집안을 일으켜 세워야 한다는 기특한(?) 생각으로 주위의 만류에도 상업고등학교를 선택했다. 기특한 생각을 했던 나는 입학한 지 한 달이 채 안 돼 뼈저린 후회를 했다. 상고는 인문계로 따지면 이과에 속하는데, 나는 문과에 가까워서 적응하기가 힘들었던 것이다. 1학년까지는 학교에서 원하는 자격증을 모두 따며 적응하려 애썼다. 그러나 시간이 흐를수록 도저히 공부에 재미를 붙일 수가 없었다. 그렇다고 내가 특별히 잘하는 분야가 있어서 진로가 정해진 것도 아니었다. 그렇게 잘못된 선택의 결과로 이도 저도 아무것도 아닌 내가 되어 버렸다. '하느님은 사람마다 하나의 재능을 주신다고 하는데 왜 나는 이 모양일까?' 하는 생각에만 젖어 암울하게 십대를 보냈다. 그렇게 스무 살을 시작했다.

고등학교 졸업을 앞두고 학교에서 알선해준 회사에 경리로 취직했다. 개인회사지만 탄탄한 회사라며 잘해보라는 선생님 말씀대로 나도 잘 해내리라 믿었다. 그러나 경리 업무는 나와 전혀 맞지 않는 일이었다. 사무실에 콕 처박혀 계산하고 서류 정리하는 일은 그야말로 끔찍했다. 결국 한 달 만에 그만두었다. 이후 자아성취와 하등의 관계가 없는, 그저 용돈 벌기 위해 일자리를 전전하기도 했다. 음식점 서빙과 팬시점 알바도 했고, 학습지 상담교사도 했다. 그러나 당시 나는 딱히 절박하지도 않았고, 앞으로 영원히 이런 일을 하면서 살아갈 거라고 꿈에도 생각하지 않았다. 언젠가 반드시 나의 진면목을 보여줄 일을 만날 거라는 '근자감(근거 없는 자신감)'에 절어 있었다. '대기만성'이라는 말을 남발하며 뻐기고 다녔다. 그땐 그랬다. 무슨 생각으로 그랬는지 지금 생각하면 웃긴다.

"많은 사람들이 일에 의욕을 갖지 못하고 능력을 발휘하지 못하는 이유는 자신이 아니라 다른 사람이 원하는 일, 기대하는 일을 하고 있기 때문이다."

《가슴 두근거리는 삶을 살아라》의 저자 마이크 맥매너스는 이와 같이 말했다. 나에게 해당되는 말로 들린다. 지난날의 나는 다른 사람의 시선에 맞춰 살았는지 모른다. 당시 나는 내가 어떤 일을 잘할 수 있을지에 대한 고민만 했지 어떻게 해야 할지 방법을 몰랐고, 찾을 생각도 하지 않았다. 인생을 바꿀 만한 완벽한 순간이 짠 하고 오리라 기대만 했다. 그렇게 나를 알아주지 않는 사회를 원망하고 환경을 탓하며 이십대를 보냈다.

이십대에도 꿈을 찾기 위해 고민만 한 나와는 달리 주변 친구들은 다들 사회에 적응하며 잘 사는 것 같았다. 그런 친구들을 보며 부러움도 느끼고 열등감도 느꼈다.

'왜 나만 이렇게 힘들까? 왜 나처럼 꿈에 대해, 자신의 미래에 대해 고민하는 사람은 없을까? 모두 자신의 꿈을 찾아서 그런 걸까?'

이런 생각이 떠나지 않았다. 내가 속마음을 털어놓으면, 그들은 인생 별다를 것 없다고, 다들 그렇게 산다고 말했다. 꿈을 찾기 위해 고민하는 삶보다는 안정적인 삶을 추구한다는 이야기였다. 하지만 남들이 사는 대로 따라가는 삶은 싫었다. 그건 진짜 내 인생이 아니라고 생각했다. 내가 잘못된 것인지 그들이 잘못된 것인지는 사실 중년인 지금도 잘 모르겠다. 아마도 그때는 단지 내가 그들보다 더 예민했던 것일까?

꿈에 대한 답을 찾지 못한 채 결혼했다. 결혼하고 행복한 가정을 이루면 이런 고민에서 해방될 줄 알았다. 답을 찾지 못한 질문은 수시로 나타나 날 괴롭혔다. 아무리 행복한 삶을 살아도 내 가슴 한구석은 늘 공허했다. 내가 하고 싶은 일을 찾아 미친 듯이 빠져보고 싶었다. ○○집 며느리, ○○아내, ○○엄마가 아닌 내 이름 '정경숙'으로 살고 싶었다.

결혼하고, 크든 작든 수시로 우울증이 찾아왔다. 시기에 따라 이름만 다를 뿐 대부분이 우울증의 일종이었다. 산후우울증, 육아우울증, 권태기, 갱년기……

우울증에 대한 개념이 없었을 때 우울증 걸린 사람을 보며 나는 생각했다.

'우울증은 집에서 속 편하게 지내고 할 일 없는 사람들이나 걸리는 거지. 바쁘게 살다 보면 없어지는 병이야.'

그럴지도 모른다. 그러나 우울증이 생기는 건 지극히 정상적인 삶의 모습이다. 삶이 우울하고 공허하다고 느끼는 건 자신에 대해 생각을 정리해보라는 신호일 테니까. 내 인생의 주인으로 살고 있는지, 내가 좋아하는 일을 하며 잘 살고 있는지 말이다. 바쁘게 사는 사람들은 바빠서 우울증이 없는 게 아니라 생각을 정리할 시간이 없는 것일 뿐이다. 정신없이 바쁘게만 살던 사람에게도 조금의 여유가 생기면 마음속 어딘가에서 '나는 잘 살고 있는가'라는 질문이 터져나올지 모른다.

나는 질문에 답을 찾기 위해 책을 읽기 시작했다. 책 속에 길이 있다는 말을 믿고 싶었다. 우울증을 신호 삼아 나는 새로운 길을 찾고 싶었다. 내 마음에 귀를 기울여 무엇을 하고 싶은지 들어보았다. 그리고 답을 찾았다. 글을 쓰고 싶었다. 글을 통해 나를 만나고 나를 채우고 싶었다.

누구나 우울해질 때가 있다. 그러나 그것은 '내' 삶이 잘못되었다는 것이 아니라 비로소 내면에 귀를 기울이고 소리를 들어야 할 때가 왔다는 뜻이다. 인생이 공허하고 우울한가? 그렇다면 자신의 목소리에 귀를 기울여라. 자신이 그토록 듣고 싶어 하는 답이 들려올지도 모른다.

초등학교 2학년 때 하던 노래 놀이를 다시 한다면 나는 이렇게 노래할 것이다.

"당신은 누구십니까?"
"나는 작가입니다."
"그 이름 아름답구나."

두 번째 소절은 이렇게 바꿔 부르면 더 좋을 것 같다.

"나 정경숙은 작가입니다."

위에서 언급한 캐롤 에이드리엔의 저서 《하고 싶은 일을 하며 살아라》의 한 구절로 글을 마무리한다.

우리의 목적은 '되는' 것이다. 우리의 목적은 우리가 살아내고 있는 역할이 아니라 살아가는 방식이다. 우리의 목적은 진정한 자신이 되기 위한 선택을 하는 순간마다 실현되고 있다.

-《하고 싶은 일을 하며 살아라》, 캐롤 에이드리엔, 청년사

나는 중독자가 되려 한다

내 인생에 중독에 빠진 적이 딱 두 번 있다.

첫 번째는 신혼시절 빠진 게임 중독이다. 결혼하고 남편이 중고 컴퓨터를 샀는데, 집에 있을 아내를 위해 게임을 깔아주었다. 그다지 게임을 좋아하지 않던 나는 처음엔 시큰둥했다. 그런데 게임 중에 테트리스가 있었다. 테트리스는 고등학교 때부터 해보고 싶었던 게임이었다. 오락실은 나쁜 애들이나 가는 곳이라며 철저히 못 가게 하는 엄마의 세뇌교육에 감히 시도조차 하지 못했던 나였다. 내가 생각해도 그때는 참으로 순진했던 시절이었다. 친구가 오락하는 것을 구경만 하던 나는 얼마나 부러웠는지 모른다. 정말 하고 싶었다.

그런 테트리스를 이제는 맘껏 할 수 있다는 사실에 흥분되었다. 남편이 출근하고 나면 대충 집 정리를 해놓고 게임을 시작했다. 처음엔 게임이 금방금방 끝나버렸다. 1단계 넘기기도 힘에 부쳤다. 하지만 오기가 생겨 반드시 높은 단계까지 오르겠다며 포기하지 않고 매달렸다. 그렇게 계속 매달리니 어느새 실력이 점점 나아지는 게 눈에 보였다. 점수가 높으면 순위별로 이름이 올라갔는데, 드디어 내 이름이 순위에 오르기 시작했다.

그렇게 게임을 하다 보면 금방 시간이 갔다. 한참 게임하다가 배가 고파 시계를 보면 오후 2시가 훌쩍 지나 있기도 했다. 점심을 후다닥 먹고 또다시 시작했다. 남편이 회식하는 날은 신이 났다. 저녁 준비를 하지 않아도 되니, 남편 회식 끝나고 오는 시간인 새벽 2시까지 쭉 테트리스를 할 수 있었다. 당시 남편은 회식하거나 술 약속이 있으면 보통 새벽 2~3시에 들어오곤 했다. 창창하던 때였다. 지금은 그렇게 하라고 해도 체력이 안 돼 못 버틴다. 어쨌든 나는 시간만 되면 게임에 매달렸다. 자려고 누우면 테트리스 조각들이 천장에 둥둥 떠다녔고, 잠을 자도 잠 속에서 게임을 했다. 그렇게 한 달을 하니까 순위 1등부터 5등까지 모두 내 이름이 올라갔다. 더 이상 흥미가 생기지 않았다. 하산했다. 그 뒤로 다시는 하지 않았다. 태어나서 원 없이 게임을 했던 때였다.

두 번째는 자기계발서 중독이었다. 글을 쓰고 싶다는 꿈이 생기면서 자기계발서를 읽기 시작했다. 독서법, 공부법, 글쓰기, 습관 바꾸기, 시간 관리, 속독법 등 작가가 되기 위해 내 삶에서 알아야 할 일이, 바꿔야 할 일이 너무도 많았다. 처음 자기계발서를 접했을 때 내가 찾던 책이구나 싶어 얼마나 반가웠는지 모른다. 성공에 필요한 내용이 모두 친절하게 나와있었기 때문이다. 그 책들이 나중에 내게 어떤 악영향을 끼칠지 그때는 미처 생각하지 못했다. 독서로 인생이 바뀌었다는 사람을 접하며 역시 책에 길이 있다는 말이 맞구나 싶어 더 책에 매달렸다.

천 권을 넘게 읽어야 삶이 바뀐다는 일명 '임계점 원리'를 접하고 그야말로 미친 듯이 읽어댔다. 하루 4~5권씩 읽기도 했다. 그 양을 채우느라 엘리베이터 기다릴 때에도, 타는 중에도 읽었다. 병원이나 은행에 가서 내 차례를 기다리면서도 읽었다. 어떤 날은 신호등 앞에서 신호를 기다리며 읽은 적도 있었다. 조금의 자투리 시간만 있어도 독서에 투자했다. 책이 읽고 싶어 미치겠다는 표현이 맞는지 모르겠지만, 그때는 정말 책이 읽고 싶어 미치는 줄 알았다.

하지만 돌이켜 생각해보면 책 자체에 미쳐서라기보다는 하루라도 빨리 성공하고 싶어 안달이 났던 것 같다. 곧장 인생의 변화를 이뤄내고 싶은 마음이 책을 붙잡게 만든 것 같다. 술이 술을 마시듯 책이 책을 자꾸 불러들였고, 나는 그 안에서 성공의 방법론을 찾기에 급급했다.

처음엔 성공에 필요하다는 여러 가지 행동을 따라 했다. 인생의 사명서를 쓰고, 화려하고 멋진 목표를 세워 보물지도로 만들어 벽에 붙여두기도 했다. 성공한 사람들 중에는 아침형 인간이 많다고 해서 목표도 없이 새벽에 일어나기도 했다. 뚜렷한 계획 없이 새벽에 일어나다 보니 작심삼일이 되기 일쑤였다. 성공하기 위해서는 시간 관리를 잘해야 하고, 이를 위해 수첩을 이용하면 좋다고 해서 적지 않은 돈을 주고 수첩을 사기도 했다. 하지만 계획을 세워 하루하루 관리하고 일정에 짜맞추는 방식은 내게 맞지 않았다.

그렇게 책을 읽고 따라 하면서 드는 생각은 그리 밝지 않았다.

'어쩜 이다지도 나는 모자란 인간일까? 고쳐야 할 부분이 이렇게도 많단 말인가?'

마치 한군데 성형수술을 하면 예전에는 보이지 않던 곳이 눈에 거슬리고 흠으로 보여 계속 고치게 되는 상황의 연속 같았다. 이것만 가지면 행복할 것이라는, 저것만 달성하면 성공할 것이라는 착각을 하며 끊임없이 목표를 추구하는 악순환에 빠졌다. 책을 읽으면 읽을수록 해야 할 일이 많아지면서 마음은 급해지고 점점 쫓기게 되었다.

더 쉽게, 더 빨리 꿈을 이루기 위한 책만 찾아 읽게 되었다. 복잡해 보이거나 어려워 보이는 책은 읽기도 싫어졌다. 읽은 책이 많아질수록 실천은 뒷전이고 성공 방법만 찾아다녔다. 책 속의 성공이 마치 내 성공처럼 느껴지는 착각까지 들었다. 실제로 많은 사람들이 자기계발을 하면서 자기 인생의 변화와 상관없이 노력하는 모습 자체에 중독된다고 한다. 무언가 실천하고 있는 것에 만족하며 잘하고 있다고 착각한다고 한다. 그들은 목표를 세워 그 목표를 달성하면 또 다른 목표를 세운다. 그렇게 끊임없이 이어지는 목표달성이라는 보상에 중독되는 것이다.

소설가 김지숙의 말처럼 자기계발서는 죄가 없다. 다만 그것을 읽는 사람이 문제이다. 돌이켜보면 나는 자기계발서 중에서 성공 방법만 수집하는 수집 중독자가 아니었나 싶다. 책 속에 나온 성공 스토리를 보며 대리만족하고, 나도 그들이 하는 방법을 따라 하면 얼마든지 성공할 수 있다는 착각에 빠져 있었던 거다. 행동은 뒷전이고.

생각만으로는 아무 일도 일어나지 않는다. 자신에게 필요한 방법을 찾았으면 더 이상 다른 방법론에 기웃거리지 말고 바로 행동해야한다. 방법론에만 매달리면 실천하지 못하고 책만 읽고 끝날 수 있기때문이다.

사람들이 자기계발에 열심인 이유는 우리가 다른 누군가와 비교하며 살아야 하는 경쟁사회에 살고 있기 때문이다. 그 누구든지 무인도에 살거나 '자연인'이 되어 시골 외딴 곳에 홀로 살아간다면 과연그렇게 열심히 자기계발을 할까? 독서법을 공부해서 무슨 의미가 있을까? 그냥 내키는 대로 편하게 읽으면 될 것을, 속독법을 배워 무슨소용이 있단 말인가? 오늘 읽다가 못 읽으면 내일 읽으면 되는 것을, 누군가와 경쟁하는 상황이 아니라면 그 어떤 활동도 목숨 걸고 할 필요가 없다.

남과 비교하며 살면 평생을 노력하며 살아도 만족하지 못한다. 늘 '나'의 단점만 보이고 고쳐야 할 점만 생기기 때문이다. 오직 '나'의 비교대상은 다른 누구도 아닌 어제의 '나'이어야 한다. 자신을 인정하고 있는 그대로 받아들인다면 더 이상 자기계발에 힘을 빼지 않아도 된다.

책은 해답을 주려고 있는 게 아니라 힌트를 주기 위해 존재한다. 성공비결이 모든 사람들에게 다 똑같이 적용된다면 이 세상에 성공 못할 사람이 어디 있겠는가. 자신에게 맞는 방법도 다르고 받아들이는 의미도 제각각일 테니, 성공 법에 맹신하지 말고 그 책 안에서 자기에게 맞는 해법을 찾아야만 한다. 그리고 자기 보폭에 맞게, 자기 삶의 속도에 맞춰 실천해가면 된다.

나는 속독법으로 세상에 나온 책을 모두 읽으려고 무모하고 무식하게 덤벼들었던 때가 있었다. 천 권 가까이 읽은 책의 목록을 일일이 적어 놓았고, 목록이 많아질수록 '내가 이렇게 유식해졌구나!' 뿌듯해했다. 어느 순간 이런 권수 채우기식 독서는 의미가 없다는 것을 깨달았다. 중요한 것은 책을 얼마나 읽느냐가 아니다. 그 책으로 얻은 지식을 얼마나 '내 것'으로 만들어 실천해 가느냐의 여부다.

작가가 되는 방법은 수십 가지이고, 글을 잘 쓰는 방법도 다양하다. 나의 경우 처음엔 이것저것 따라 하기에 바빴다. 그런 과정을 통해 결국 중요한 것은 매일 꾸준히 글을 쓰고 책을 읽는 것이라는 사실을 깨달았다.

조정래 작가는 저서 《황홀한 글감옥》에서 작가가 되기 위해서는 세계문학 100권, 한국 문학 100권, 시집 100권, 중·단편소설 100권, 기타 역사, 사회학 도서 100권 등 500권을 읽은 뒤에 글을 쓰라고 조언했다. 또한 한 차례씩만 읽고 말 것이 아니라 5년을 되풀이해서 읽고, 그때그때 발간되는 신간을 골라 꾸준한 독서 생활을 글쓰기와 병행하라고 했다. 대가들이 글을 잘 쓰는 방법은 별개 없었다. 많이 읽고 많이 쓰고 많이 생각하는 것이다.

모두가 영웅이 될 필요는 없다. 스티브 잡스처럼 한 세기를 빛낼 사람이 되지 않아도 된다. 언제 이룰지 모르는 커다란 목표가 아니어도 된다. 본인이 관심 있고 좋아하는 작고 소소한 일들을 하나씩 이루는 것이면 좋다. 그렇게 자기 안에 있는 욕망을 조금씩 채워나가다 보면 어느새 자신이 바라던 삶을 찾을 수 있지 않을까? 중독이 꼭 나쁜 것만은 아니다. 중독된 당시의 그 열정을 건전한 일로 끌어올 수 있다면 오히려 더 좋은 기회로 만들 수 있다.

나는 이제 세 번째 중독에 빠지려고 한다. 문학에 빠져 즐거움과 감동에 비명을 지르고, 책 속에서 다른 이의 삶을 경험하고 배우며, 빈약한 내 영혼을 살찌우는 그런 행복한 중독에 말이다. 황홀한 나의 감옥에서 실컷 중독자의 삶을 살 것이다. 좋은 작가로 오래도록 살아남기 위해 진짜 독서를 시작할 것이다.

나에게 맞는 일을
찾지 못했을 뿐

꿈이 없었을 때는 나 자신에게 맞는 일보다 남들이 해서 성공한 일이나 돈이 잘 벌리는 일에 관심이 많았다. 선택의 기준이 내가 아닌 남이었다.

결혼한 후 뭐라도 준비해야 한다는 생각을 하던 차에 집 근처 도서관 교육 과정에 있던 영어 회화반에 들어갔다. 목표 의식 없이 그저 영어라도 잘하고 싶다는 단순한 이유로 시작했다. 자연히 그 배움은 오래가지 못했다. 다만 그곳에서 한 사람을 만났다. 바로 내 인생의 첫 번째 롤 모델 유경희 언니였다.

영어 회화반에서 알게 된 언니는 한눈에 봐도 시원시원한 외모였다. 그 외모에서 자신감까지 묻어나왔다. 그리고 삶을 즐겁게 사는 듯 보였다. 집 방향이 같던 언니와 나는 수업이 끝나면 함께 걸어가며 많은 이야기를 나누었다. 알고 보니 언니는 자신의 아이들을 서울에 있는 명문대에 보낸 열성 엄마였고, 아이를 키운 경험을 살려 공부방을 운영하고 있었다. 아이들 교육, 남편에 대한 내조, 재테크에 이르기까지 어느 것 하나 빠지지 않고 완벽해 보였던 언니의 인생 스토리는 내게 금과옥조 같았다.

언니를 보며 재테크를 해야겠다고 생각을 하던 중 당시 유행하던 경매에 관심이 갔다. 관심을 실천으로 옮겨 경매 관련 책을 수십 권 읽고, 평생교육원 경매과정까지 이수했다. 또 당시 경매로 성공한 베스트셀러 작가의 수업도 들었다. 일주일에 한 번 서울에서 하는 수업이었는데, 피곤함도 잊은 채 열심히 다녔다. 그 수업을 듣고 난 뒤 바로 실전 경매에 도전했다.

선무당이 사람 잡는다고 했던가? 처음 도전한 아파트 경매에 낙찰되어 1,000만 원 정도의 수익을 남겼다. 하지만 집주인의 뻔뻔한 거짓말에 속아 이사비로 200만 원이나 줬다(내가 미쳤지!). 나중에 알고 보니 집주인은 그 집을 일부러 경매에 넘기고 더 좋은 아파트로 이사 갔다고 한다. 이게 생초보의 한계였다. 그때 이후로는 아파트 경매에 너무 많은 사람이 몰려 낙찰가가 실제 매매가를 상회하는 말도 안 되는 상황까지 갔다. 아파트에는 답이 없었다.

땅 부자를 꿈꾸며 토지 경매에도 도전했다. 주말마다 아이들을 데리고 김밥과 컵라면을 싸 가지고 소풍 삼아 땅을 보러 다녔다. 큰애가 유치원 다닐 때였다. 유치원에서 주말에 경험한 일을 이야기 나누는 시간에 다섯 살짜리 아들이 이렇게 말했다고 한다.

"주말에 땅 보러 다녔어요."

그 말을 듣고 선생님들은 배꼽을 잡고 웃었다고 한다.

그렇게 몇 개월을 다니다가 2필지의 토지를 낙찰 받았다. 한 필지는 맹지(도로와 맞닿은 부분이 전혀 없는 토지)였고, 다른 한 필지는 옆 땅과 경계선이 없는 논이었다. 한마디로 하자 있는 땅이었다. 남편은 우리 땅이 생겨 좋아했지만, 나는 10년 넘게 팔지도 못하고 재산세만 내는 애물단지 땅 때문에 지금도 속이 썩고 있다.

경매는 3년 정도 하다가 그만두었다. 계속 하지 않았던 이유가 있었다. 겉으로는 합법적인 재테크이고, 경매가 경제활동을 원활하게 해주는 좋은 역할도 한다는 합리화를 스스로에게 심었지만, 사실 이 일을 하며 떳떳하지 못했기 때문이다. 남의 눈물을 보며 돈을 번다는 죄책감이 들면서 점점 회의감이 들었기 때문이다. 물론 생각보다 돈을 많이 벌지 못해서 그만둔 것도 이유이다. 이것 또한 사실이다. 어떤 일을 하면서 돈을 아주 많이 벌든가, 아니면 그 일을 하면 할수록 보람이 느껴진다거나, 자기 자신이 더 성장한다는 느낌이 들 때 그 일을 계속 할 수 있는 이유가 된다. 하지만 경매는 그 이유 중에 어느 것 하나 충족시켜주지 않았다.

그러다가 공인중개사에 도전했다. 부동산업을 하면 관련 업종의 사람들을 통해 정보를 얻을 수 있으니 재테크할 때 더 유리하지 않을까 하는 생각에서였다. 시고모님 아들들이 공인중개사 학원을 운영하고 있어서 도움을 받아 덕분에 편하게 공부하며 자격증을 취득할 수 있었다. 자격증을 따고 얼마 안 돼 사무실을 오픈했다. 남의 밑에서 일하는 것보다 직접 부딪치는 게 더 빨리 배울 수 있다는 남편의 말을 따른 것이다. 어쨌든 처음에는 좋았다. 크고 멋진 사무실에 내 이름이 박힌 명패를 놓으니 폼이 났다. 누가 봐도 멋진 커리어우먼 같았다. 폼 나게 살고 싶은 내 소원을 이룬 것 같아 뿌듯했다. 만세!

일을 배우고 그 문화에 적응한다는 이유로 여러 사람들과 어울렸다. 처음에는 사람들과 어울리고 계약을 통해 들어오는 적지 않은 수수료를 보며 나름 재미를 느꼈다. 하지만 딱 거기까지였다. 그 일은 그다지 즐겁지 않았다. 아파트 매매 전문 부동산이다 보니 사소한 분쟁이 많았다.

분쟁을 일으켜 나의 일하는 즐거움을 앗아간 장본인들을 소개한다. 누수가 있는데도 교묘하게 속여 잔금 받고 이사 간 다음에 새 주인이 알게 된 경우 배 째라고 우기던 매도인, 설마 이런 것을 뜯어가나 싶어 특약에 명시하지 않았는데, 이사하는 날 황당하게도 현관 키를 뜯어간 매도인, 중개수수료 많이 줄 테니 집 좀 잘 팔아주라고 했다가 막상 매매가 되면 안면 싹 바꿔 중개수수료를 깎으려는 얌체족들, 계약 조건 모두 맞춰 계약서만 쓰면 되는 상황에서 뒤에서 장난질 쳐서 계약 파기하게 만드는 같은 업종의 사람들이 바로 그들이다. 친구처럼 지내던 사람인데 나 몰래 내 매물을 가로챈 업자도 있었다. 좋은 층과 좋은 위치의 허위 매물을 광고에 올리고 나서 고객이 오면 공동중개하자고 뻔뻔하게 나오는, 부동산 질서 어지럽히는 못된 업자도 수두룩했다. 이런 사람들과 겪는 부정한 일 때문에 부동산 일에 정이 떨어질 수밖에 없었다.

물론 좋은 사람들도 있었다. 어떤 매도인은 계약 체결한 뒤 고생했다며 수고비와 선물까지 손수 가져와서는 연신 고마움을 표했다. 좋은 사람들을 생각하면 부동산 일을 견딜 수 있었을지도 모른다. 하지만 내가 가장 힘들었던 점은 일을 하면 할수록 내가 아닌 내가 되어가는 현실이었다. 그것도 내가 싫어하는 모습으로 내가 변해가고 있었다. 일에 회의감이 찾아왔을 때 스티브 잡스가 매일 아침 거울을 보며 자신에게 물었다는 질문을 내게 던져봤다.

"만일 오늘이 내 인생의 마지막 날이라면 오늘 내가 해야 하는 일을 할 것인가?"

즉각 대답이 튀어나왔다.

"아니요."

부동산 사무실에 앉아 있으면 어떻게 영업을 할까 고민하는 게 아니라 독서와 글쓰기를 하며 혼자만의 시간을 즐겼다. 고객이 찾아오면 귀찮다는 생각마저 들었다. 그렇게 2년을 버텼다. 사무실은 그럭저럭 유지해 나갔지만, 시간이 갈수록 나는 자꾸 곁눈질을 하게 되었다. 내가 진정 좋아하는 일을 찾고 싶었다. 그렇게 마음을 잡지 못하자 남편은 사무실을 정리하는 게 어떠냐며 제안했다. 나의 한숨을 이해해준 남편이 정말 고마웠고, 너무 미안했다. 내가 봐도 한심한 나인데, 남편을 잘 만난 것 같다.

일을 그만두기 전에 사실 많이 고민했다. 살아오면서 여러 가지 일을 시작하고 또 포기를 반복했던 과거 내 행동 때문이었다. 끈기 없고 인내력이 부족하다고 남들이 흉볼까봐 두렵고 창피했다.

하지만 어느 순간 '뭐 어때!' 하고 뻔뻔해지기로 했다. 하다가 포기하는 게 창피한 것이 아니라 하다가 안 될까봐 두려워 아예 도전조차 하지 않는 게 더 창피한 거라고 생각했기 때문이다. "당신은 해보기는 했고?"라며 오히려 내가 해봤던 일들에 대해 당당해지기로 마음먹었다. 그리고 새로운 출발을 위해 나는 공인중개사 사무실을 오픈한 지 2년 만에 문을 닫았다. 하기 싫다고 폐업한 나를 보고 한 친구가 말했다.

"경숙이 너는 생각보다 용감한 거 같아. 나는 어떤 일을 시작하려면 이런저런 고민하느라 오래 걸리는데……. 추진력만큼은 네가 갑이다."

친구의 말대로 딱 추진력만 갑이다. 뭔가 이거다 싶은 일은 빨리 해치워야 되는 이놈의 성격 탓에 추진력을 마구 휘둘렀고, 그래서 실수도 잦고 잃은 것도 많았다. 하지만 어쩌겠는가. 고친다고 고쳐지는 게 아닌데. 이젠 그냥 생긴 대로 살려고 한다. 부정한다고 바뀌는 것도 아니므로 있는 그대로의 나를 인정하고 나와 사이좋게 지내기로 했다. 나를 알지 못해 이런저런 일을 경험했고, 하다가 그만두기도 많이 했지만, 포기했다고 실패는 아니다. 그건 나를 찾는 과정이었을 뿐이다.

한때는 인내력 없고 끈기도 없어 보이던 내가 지금 글 쓰는 일을 5
년간 꾸준히 하고 있다. 그것도 아주 즐겁고 성실하게. 나는 끈기가
없었던 것이 아니라 나에게 맞는 일을 못 만났을 뿐이었다. 5년간 매
일 글을 쓰고 독서를 하며 조금씩 성장하고 있다는 생각에 나 자신이
좋아지고 대견해진다. 비로소 자존감이 생긴 것이다.

주변에서 나를 보며 말했다.

"힘들게 공부해서 딴 자격증을 포기하나? 조금만 버티면 될 텐
데."

하지만 나는 안다. 내가 몇 년을 버틴다고 해도 여전히 그 일을 좋
아하지 않고 자꾸 곁눈질을 하고 있으리라는 것을. 무조건 남이 볼
때 좋아 보이고 화려해 보이는 일일지라도 나와 맞지 않으면 결국 끝
까지 할 수 없게 되리라는 것을. 이게 바로 그렇게 살 수밖에 없는 정
경숙이라는 사람의 실체다.

누군가는 말한다. 다들 좋아하는 일만 하며 사는 건 아니라고. 하
지만 이왕 사는 인생 '내'게 즐거움을 주는 일을 찾아 사는 게 그렇
게 어려울까? 조금만 욕심을 버리면 되지 않을까? 아무리 어려운 자
격증을 따고 멋진 성공을 이루었다고 해서 자존감이 올라가는 건 아
니다. 자존감은 자신이 하고자 하는 일을 성취해가며 기쁨을 느끼고,
그런 '나'를 진정 좋아하면서 생기는 게 아닐까? 물론 공인중개사로
있을 때보다 지금의 정경숙은 덜 빛나 보일 수도 있다. 하지만 나는
지금이 내 인생에서 가장 화려한 순간이라 생각한다.

쇼펜하우어는 말했다. "남이 자기를 판단해주는 기준에 따라 사는 사람들은 결국 이웃의 노예에 불과하다"라고.

꿈은 '내'가 진정으로 원하는 것이어야 한다. 진정으로 원하는 꿈이라면, 그 꿈을 안고 행복하게 살아갈 수 있다. 국민가요라 불리는 〈거위의 꿈〉의 한 구절처럼, 누가 "뜻 모를 비웃음 내 등 뒤에 흘릴 때도" 당당하게 나아갈 수 있다.

내가 그동안 실천을 게을리 했던 이유는 내가 바라던 꿈이 아니었기 때문이다. 적어도 나는, 내가 만든, 내가 간절히 원하는, 그래서 나를 가만히 내버려두지 않는 그런 꿈이어야 비로소 꿈을 향해 걸어갈 수 있다.

당신은 어떠한가?

우주가 내린 계시

인생은 참으로 아이러니하다. 한때는 창피해서 숨기려고만 했던 콤플렉스가 내 꿈을 찾게 도와주는 역할을 해줬으니 말이다. 학력 콤플렉스에 시달렸던 때가 있었다. 그 콤플렉스를 감추기에 급급했던 나는 어느 순간 벗어나려 애를 썼다. 극복의 방법은 독서였다. 콤플렉스에서 벗어나려고 나를 더 몰아세우고 자극한 결과 내 꿈을 만나게 되었다. 그러고 보면 참으로 알 수 없는 게 인생이다.

어릴 때 나는 공부를 잘하는 편이었다. 학교에서 상장도 여러 번 받았다. 엄마가 동네 아주머니에게 "우리 딸이 또 상을 탔네요" 하며 자랑할 때면 무척 쑥스러워했던 기억이 난다. 아버지는 명절에 작은 아버지에게 내 성적표를 보여주면서 우리 막내가 이렇게 공부를 잘한다며 자랑하기에 바쁘셨다.

얼마 전 시골 동창들과 모임이 있었다. 그중 남자사람 친구 한 명이 말했다.

"어릴 때 내가 경숙이 쟤 한번 이겨보려고 무진장 애를 썼는데, 아무리 해도 안 되는 거야. 한번은 95점 맞아서 이번에는 내가 이길 수 있겠다고 생각했는데, 경숙이 저것은 98점을 받은 거야. 얼마나 화가 나고 맥이 풀렸는지 몰라."

그 친구의 이야기를 들으며 피식 웃음이 났다. 내가 정말 그랬는지 기억이 가물가물했다.

중학교 3학년 때 아버지가 돌아가시고 우리 가족은 전라남도 광주로 이사했다. 엄마가 혼자 벌어서 셋째 언니와 나를 가르쳐야 했기에 집안 형편을 생각하며 상고에 가기로 마음먹었다. 이런 나를 둘째 언니는 극구 말렸다. 어려워도 방법을 찾으면 되고, 안 되면 자기라도 등록금 대줄 테니 인문계 고등학교 진학해서 대학을 가라고 했다. 우리 집에서 아무도 못 말리는 고집불통이 바로 나였다. 나는 한번 마음먹은 일은 어지간해서는 절대 굽히지 않는다. 내 고집대로 결국 상고에 갔다.

하지만 입학한 지 한 달이 채 안 돼 뼈저린 후회를 했다. 그래도 1학년까지는 필요한 자격증을 모두 취득했고, 성적도 상위권을 유지하는 등 나름 노력했다. 하지만 시간이 흐를수록 공부에 흥미를 잃었고 친구들과 어울려 놀기에 바빴다. 취업반이 되어 다른 애들은 취업 준비를 했지만, 나는 별로 관심이 없었다. 지금 생각하면 얼마나 어이없고 대책 없던 아이였나 싶다. 누가 강제로 입학시킨 것도 아닌데 왜 그렇게 방황만 했는지 모를 일이다.

졸업할 즈음 학교에서 알선해준 회사에 들어갔다. 하지만 적응하지 못해 한 달 만에 그만두면서 나의 미래는 더욱 어두워졌다. 몇 군데 회사를 전전했지만 늘 맞지 않는 일에서 도망치기에 바빴다. 그렇게 나는 어디에도 마음을 붙이지 못하고 이방인처럼 겉돌며 살았다.

졸업하고 마음을 잡지 못하는 내게 강박증 하나가 생겼다. 바로 배움에 대한 강박증이었다. 한창 공부해야 할 나이에 배움에 대한 포기가 '한'이 된 것이다. 고등학교를 졸업하고 자주 꾸는 꿈이 있었다. 바로 시험 보는 꿈이었다. 꿈에 시험을 보는데, 어떤 날은 문제가 너무 어려워 풀지도 못하고 시간이 지나버렸다. 또 어떤 날은 시험 문제가 아예 보이지 않아 애를 먹다가 잠이 깨기도 했다. 시험 보는 꿈은 나중에 대학에 들어가서도 계속 이어졌다. 열심히 공부해 장학금을 타며 다녔는데도 여전히 배움의 한은 사그라지지 않았다. 사십대 초반까지도 이 꿈은 계속되었다. 가끔 그런 생각을 한다. 내가 공부에 관심이 없었다면 그렇게까지 배움에 대해 집착하지 않았을 거라고.

이런 나에게 독서를 통해 삶의 변화를 이루어 낸 사람들의 이야기는 카타르시스를 느끼게 만들었다. 꼭 내 이야기처럼 가슴이 뛰고 신이 났다. 독서를 통해 인생이 변화한 사람들의 이야기를 접하며 나도 그들처럼 할 수 있다는 희망이 생겼고, 해보고 싶은 열망이 생겼다. 비록 어디서부터 어긋났는지 모르지만 다시 제대로 내 인생을 바꾸고 싶었다. 책과 관련된 일을 하며 평생 배우고 성장하는 삶을 살고 싶었다.

스티브 잡스는 스탠퍼드 대학 졸업식 축사에서 '인생의 연결점'이라는 이야기를 했다. 미래를 보고 점을 연결할 수는 없지만 현재와 과거의 사건들을 연결시켜볼 수는 있다고. 그 점들이 어떠한 방식으로든 미래로 꼭 이어진다고.

나에게 있어 꿈으로 연결되는 점은 어떤 것이었을까? 둘째 언니가 사준 세계문학 전집과의 만남, 학창시절에 독서로 성공한 사람들의 이야기를 수없이 들으며 가슴 뛰었던 순간들, 나도 독서로 성공한 사람들처럼 살자고 마음 깊이 새겼던 일, 아니면 자기계발서를 읽으며 독서의 즐거움을 제대로 만끽했을 때, 모두 점이다. 독서와 관련된 이 경험들은 모두 점으로 연결되어 내 꿈으로 이어져 왔다고, 나는 생각한다. 그 점으로 연결된 독자(讀者)의 삶에서 더 나아가 이제 내 책을 쓰는 글쟁이의 꿈으로 이어졌다. 삶이 진화했다. 글 쓰는 삶 또한 독서를 통해 무수히 찍어왔던 점들 중에 하나였던 것이다. 콤플렉스를 벗어나기 위해 책을 잡았던 일조차도 내게는 하나의 점이었다. 모두 다른 일들처럼, 각각의 점으로 보이지만 나도 모르게 해왔던 작은 일상들은 내 삶 속에 어우러져 꿈이 되었다.

이제는 콤플렉스를 부끄럽다고 피하지 말고 더 다정하게 대해야겠다. 언젠가 새로운 점이 되어 나를 또 다른 모습으로 이끌어줄지 누가 알겠는가.

음악가가 되고 싶다는 욕망이 있다고 치자. 그것은 우리를 통해
음악을 표현하고자 하는 우주의 욕망이다.

- 《하고 싶은 일을 하며 살아라》, 캐롤 에이드리엔, 청년사

욕망은 점이다. 그 점은 꿈으로 이어진다. 나는 믿고 싶다. 우주가
나의 글을 통해 메시지를 전하고 싶었던 것이라고.

Chapter 2

시시하지만
가슴 뛰는 꿈을
꾸기 시작했다

꿈은 어릴 때나
꾸는 걸까?

공인중개사로 일할 때 아는 중개사 언니들과 점심을 먹다가 당시 큰 화제가 된 ○○ 운동선수와 ○○ 탤런트의 결혼 이야기를 하게 되었다. 그 운동선수는 실력을 인정받아 우리나라를 넘어 외국에서 활동했고, 이에 못지않게 여배우도 영화나 드라마에서 주인공으로 승승장구하고 있었다. 언니들은 연하인 남자가 아깝다느니, 여배우 누구는 땡 잡았다느니 하며 남자의 재력에 초점을 맞췄다. 그렇게 이야기는 이상한 방향으로 흘러갔다. 가만히 듣고 있던 나는 혼잣말처럼 중얼거렸다.

"나는 돈 많고 능력 있는 사람과 결혼하는 것보다 내 꿈을 이루면서 사는 게 더 좋을 것 같은데……."

그러자 모두들 흥분하며 하나같이 말했다.

"어휴! 애가 아직도 덜 컸네. 무슨 꿈 타령이야? 꿈은 어릴 때나

꾸는 거지. 여자는 자고로 능력 있는 남자 만나 사는 게 최고의 행복이야."

맙소사! 대여섯 명 되는 사람들 중에 적어도 한 명 정도는 나와 같은 생각을 하고 있을 줄 알았는데, 아니라니! 다들 입을 맞춘 듯 똑같은 말을 하고 있었다. 그래도 사회생활을 하고 있는 사람들은 조금 다른 생각을 가지고 있을 줄 알았다. 시대가 변했다고 생각했는데, 여전히 여자 팔자는 남자 잘 만나는 것으로 결정된다는 식의 사고에 머물러 있다는 데 놀랐다. 결혼에 대한 가치관도 다른 친구들과 달랐다. 나는 조건 좋은 남자보다는 나와 대화가 통하는 사람 즉 어떤 얘기든 스스럼없이 할 수 있는 사람이면 좋겠다고 생각했다. 그런 면에서 통하던 남편과는 고민하지 않고 결혼에 이를 수 있었다.

이런 나와는 달리 친구들은 결혼 적령기가 되자 조건에 맞는 상대를 찾기 바빴다. 친구들을 만나 결혼할 사람에 대해 듣다 보면 가슴 설레는 연애가 아닌 집안, 돈, 직업 등 조건에 대한 이야기가 대부분이었다. 친구들이 남자 연봉이나 어떤 집안인지에 대해 신나게 얘기하고 있으면, 나는 할 말이 없어서 그저 듣고만 있었다. 그럴 때 마치나는 그들과 다른 세계에 살고 있는 사람처럼 느껴졌다.

물론 살다가 경제적인 어려움이 있을 때 가끔은 풍요롭게 시작했던 사람들이 부러울 때도 있었다. '이래서 결혼은 현실이구나!', 생각이 들 때도 있었다. 지금도 전혀 없다고는 말할 수 없다. 하지만 자신의 노력 없이 얻은 것으로는 큰 기쁨을 누리기 어렵다. 결핍을 해결하기 위해 계획하고 노력해서 얻었을 때 거기서 얻는 성취감은 남다르다.

남편과 나는 친구로 만나 결혼했다. 둘 다 막내이긴 해도 양가 집안에 손 벌리지 않고 모아 놓은 돈으로 조촐하게 시작했다(물론 전세 자금은 받았지만). 넉넉하지 않은 돈으로 시작해야 되니 냉장고, 세탁기, 장롱 같은 기본적인 살림만 사고, 침대나 TV는 자취할 때 내가 쓰던 것을 그대로 썼다. 나머지는 살면서 차차 마련하기로 했다. 지금 생각해보면 신혼살림이 꼭 자취생의 살림처럼 소박했던 것 같다. 살다 보니 필요한 것들이 하나둘 생겨났다. 필요한 물건은 남편이 타 온 월급을 아껴 모은 돈으로 사기 시작했다. 그렇게 해서 살림을 마련하는 일은 이미 모든 걸 갖추고 시작한 사람들이 모르는 또 다른 재미였다.

신혼집은 2층 단독주택이었는데, 거기서 2년을 살고 아파트로 이사했다. 아파트는 거실에서 생활해야 하니까 소파가 필요했다. 남편과 토요일에 소파를 사러 가기로 했는데, 금요일 저녁에 남편이 말했다.

"여보, 잠이 안 와!"

이 한마디에 빵 터졌다. 그렇게 말하는 남편의 표정이 꼭 그토록 바라던 장난감을 갖게 된 어린아이의 설레는 표정 같았기 때문이다. 소파를 사게 되면 그 설레는 기쁨은 살면서 차차 무뎌지고 없어지겠지만, 그것을 갖기 전에 느꼈던 설렘과 돈을 모아 샀을 때의 기쁨은 무엇으로도 바꿀 수 없는 잔잔한 행복일 것이리라. 그리고 실제로 소파는 우리 부부에게 잔잔한 행복을 선사했다.

가끔 그런 생각을 해본다. 우리가 바라는 풍요로운 삶, 모든 게 다 갖춰진 그런 삶이 큰 노력 없이 주어진다면 과연 행복할까? 자신의 노력과는 무관하게 얻어진 것은 어떤 성취감도 짜릿한 쾌감도 주지 못할 것이다. 인생이 순탄하게만 흐른다면 그 얼마나 밋밋하고 재미없겠는가. 텔레비전 드라마만 보아도 주인공이 시련과 고난을 이겨내고 마침내 성공을 얻어내는 장면에 카타르시스를 느끼지 않는가. 만약 처음부터 그런 고난도 없이 순탄하게만 이야기가 흐른다면 무슨 재미로 드라마를 보겠는가. 우리네 인생도 그러지 않을까.

한때 내가 가장 부러워하는 사람은 재능을 갖고 태어난 사람이었다. 그림을 잘 그린다거나 음악적 재능을 갖고 태어난 사람 말이다. 그런 재능을 가졌다면 이런저런 고민 없이 주어진 재능대로 살아가면 삶이 수월하지 않을까 하는 단순한 생각을 했었다. 하지만 삶은 그리 단순하지 않은 듯하다. 자신이 생각하는 대로, 원하는 대로 순탄하게 흘러간다면 무슨 극적인 기쁨이 있고 감동이 있겠는가. 자신에게 재능이 있다고 모두가 그 재능대로 살고 싶지는 않을 것이다. 재능 있는 사람도, 재능이 뛰어난 사람도 나름대로의 고충은 있으리라.

내가 만약 결혼 적령기에 다른 친구들처럼 사람보다 조건을 따지며 결혼했더라면 지금의 내 모습대로 살 수 있었을까? 물질적으로는 풍요롭지만 대화가 통하지 않는 남편을 만났더라면 행복했을까? 그저 나의 삶이나 꿈보다는 주어진 환경에 만족하며 누군가의 삶의 조력자로만 살아갔을 것이다.

그렇게 살았다면 아마도 지금 내가 가지고 있는 두 가지 자산은 얻지 못했을 것이다. 그 하나의 자산은 지금 내 모습 그대로의 정경숙이다. 다른 또 하나의 자산은 그런 정경숙이 꿈을 찾아 고군분투하며 쌓아온 경험이다. 만약 처음부터 완벽하게 갖춰진 조건에서 살았더라면 그런 삶에서 오는 당연함으로 나태해졌을 것이다. 긴장감 없는 삶이 주는 무료함으로 꿈도 꾸지 않았을 것이다. 무엇보다 작가에게 큰 자산이 될 '이야깃거리'도 얻지 못했을 것이다.

조금 헤맬지라도
꿈을 찾는 여정은 설렘이다

나에게 삶은 내가 원하는 일을 찾아가는 과정이었다.

나를 설레게 하는 단어가 있다. 바로 성공, 변화, 도전, 학습, 성장과 같은 말이다. 이 단어를 보면 가슴이 뛰고 없던 의욕도 생긴다. 물론 여러 가지 일에 도전했다가 중도에 포기하기도 많이 했다. 하지만 그건 당연한 일이었다. 포기하는 것은 내가 원하는 일을 찾기 위한 과정이었기 때문이다. 포기는 원치 않는 일을 쳐내는 작업이었다. 그렇게 가지치기하듯 쳐내고 쳐내다 보면 어렴풋하게 내가 무엇을 원했는지, 내 마음이 어디를 향했는지 비로소 보이게 된다.

많은 사람들이, 자신이 무엇을 좋아하는지, 무엇을 잘할 수 있는지, 어떤 일을 원하는지 모르겠다고 한다. 나도 그랬다. 처음부터 알수는 없었다. 단번에 이뤄지는 꿈이 없듯 단번에 찾아지는 꿈도 없다. 그런 꿈의 실마리는 자신이 살아온 삶 속에 있다. 살면서 내 시선이 머물렀던 곳, 내 마음이 잠시라도 움직였던 것, 무슨 이유인지 자꾸 관심이 갔던 일이 있었을 것이다. 그 모든 것이 힌트이고 실마리이다.

단순히 부자가 되어 떵떵거리며 폼 나게 살고 싶다는 꿈이 있었다. 부동산으로 그 꿈을 이루고자 경매에 관심을 가졌다. 수십 권의 책을 보다가 어느 날 이승호 저자의 《나는 경매투자로 희망을 베팅했다》를 읽게 되었다. 서점에서 우연히 잡은 그 책을 읽으며 가슴이 뛰어 움직일 수가 없었다. 한 시간 만에 읽고 난 뒤 뛰는 가슴을 안고 책을 사서 집으로 돌아왔다. 그리고 그 작가의 경매수업에 등록했다. 일주일에 한 번씩 서울을 오가며 수업을 들었다.

이승호 저자의 수업 과정을 다 마친 후 아파트 경매에 입찰해서 낙찰까지 받았다. 당시 나는 무엇에 그렇게 홀리듯 빠졌을까? 돌이켜 생각해보면 그때 나는 경매로 돈을 버는 데에 가슴이 뛰었던 게 아니라 스토리에 빠졌다는 걸 알게 되었다. 저자의 극적인 인생 역전 스토리가 나를 설레게 했던 것이다.

공인중개사 자격증에 도전했을 때에도 그랬다. 처음엔 자격증을 취득해서 돈도 벌고 재테크에도 도움이 될까 하는 의도에서 시작했다. 하지만 학원을 다니며 나는 공부의 즐거움에 빠져버렸다. 학원에 가면 선생님의 가르침을 받는 영락없는 학생이었고, 학창시절로 돌아가 공부하는 것 같아 너무 설레고 좋았다. 또한 목표가 같은 사람들과 어울려 공부에 대한 이야기를 하는 것은 또 다른 즐거움이었다.

늦은 시간까지 도서관에서 공부를 하고 집으로 돌아가는 길이 얼마나 뿌듯하고 행복했는지 모른다. 열심히 공부해서 자격증을 취득했을 때는 일을 할 수 있고 돈을 벌 수 있다는 즐거움보다는 나도 뭔가 해냈다는 성취감에 더 큰 기쁨을 느꼈다. 그러나 사무실을 차려서 일을 하고 나서는 더 이상 그런 행복을 느끼지 못했다.

작가가 되기 위해 매일 도서관에 가서 독서와 글쓰기를 하며 하루를 보낼 때에도 뿌듯하고 충만한 기분이 들었다. 하루 일과를 마치고 집으로 돌아갈 때면 점점 나아지고 발전해가는 내 모습이 흐뭇해서 발걸음이 가벼웠다. 무엇이 그렇게 만족스러웠을까? 그건 바로 도전하는 삶에 대한 만족이었다. 도전하고 노력하는 그 과정에서 나는 행복을 느꼈다. 드라마나 영화를 봐도 나를 몰입하게 만드는 것은 주인공이 어려운 역경을 딛고 자신의 꿈을 이루어나가는 내용이었다. 내 인생은 반전의 드라마였다.

학창시절에도 선생님들이 수업 중에 성공한 사람들의 이야기를 한 번씩 들려주시면 그 이야기에 가슴이 뛰었다. 그리고 성공한 사람 대부분이 독서를 많이 했다는 이야기를 들으면 나도 그들처럼 해야겠다는 생각을 마음속 깊이 새기곤 했다. 물론 당시 결심으로만 끝나곤 했지만, 내 마음 언저리 어딘가에 이런 생각이 계속 머물러 있었을 것이다. 그렇게 내 꿈의 조각들은 조금씩, 조금씩 한곳으로 모여들었다. 작은 물길들이 만나서 모이고 모여 꿈이라는 강으로 흘러갔던 것이다.

나를 작가의 길로 데려다준 건

하다가 하기 싫은 걸 포기할 수 있는 용기였다.

끈기 있는 사람이 되어야 한다고 해서

싫은 일을 평생 하고 싶지 않았다.

끈기 없는 사람이 되겠다. 차라리.

대신 내가 끈기 있게 하고 싶은 일을 끈기 있게 하겠다.

당신이 임용을 오래 준비하든

공무원을 오래 준비하든 무엇이든 오래 준비했는데

하기 싫은데 준비한 시간이 아까워서

아니면 끈기 없는 사람이 될까봐.

아니면 자신을 못 믿어서

계속 그것을 준비하는 것이라고 하면

당신은 당신의 시간을 낭비하는 것일 수 있다.

당신이 어떤 순간에도 하기 싫은 것을 꼭 해야 될 이유는 없다.

-《지쳤거나 좋아하는 게 없거나》, 글배우, 강한별

글배우 작가의 글에 공감한다. "하기 싫은 것을 꼭 해야 될 이유"
는 없다. 하기 싫은 일에 쓰는 시간을 꿈을 이루는 데 노력하는 일에
쓰는 것이 낫다.

예전에 나도 어떤 일을 하다가 포기하고 또 시도하고 포기하는 일
을 반복했다. 그 반복이 반복될수록 주변의 시선 때문에 괴로웠다.

나 스스로도 '왜 나는 끈기가 없을까?' 하는 생각에 괴로웠다. 하지만 하기 싫은 일을 억지로 참고 할 수가 없었다. 한 번 마음이 떠나거나 싫어지면 도저히 집중할 수가 없는 고약한 성질머리 때문이었다. 그 래서 그냥 생긴 대로 살기로 마음먹었다. 창피한 것은 잠깐이지만 내 삶은 계속 이어진다.

'뭐 어때! 내 인생 내가 원하는 대로 살자.'

이렇게 생각하는 순간 남의 시선에서 자유로워질 수 있었다. 내가 그동안 인내력이 없었던 것은 내가 집중할 수 있는 일이 아니었기 때 문이다.

하던 일을 포기하고 나서 주변 사람들에게 인내력이 없다고 질타 를 받았는가. 좀 더 참으면 된다는 말에 하기 싫은데 억지로 하고 있 는가. 나는 포기하는 것이 나쁜 것은 아니라고 말해주고 싶다. 어떤 일을 하다가 도저히 못 하겠을 때, 아니 하기 싫을 때 포기하는 것도 용기라고 생각한다. 남이 나를 어떻게 판단하든 '내' 마음이 내키지 않는 일은 '나'와 맞지 않는 일이다. 그 일이 아니어도 '내'가 할 수 있는 일은 세상에 너무도 많다. 자기 자신을 믿어라. 남의 시선에 흔 들리지 말고 마음이 흘러가는 대로 가다 보면, 자신의 꿈과 맞닿는 지점에 도달할 수 있을 것이다.

내 인생을
송두리째 바꾼 한마디

꿈을 단번에 찾는 경우는 드물다. '내'가 원하는 일을 찾기 위해서는 오랜 시간 동안 여러 가지 일을 경험하며, 싫은 일의 가지를 치고 조금이라도 관심 있는 일에 도전하며 조금씩 자신이 원하는 꿈으로 좁혀 들어가야 한다. 풍선을 불다 보면 바람이 꽉꽉 들어차서 어느 순간 터질 것처럼 단단해진다. 이때 누군가 뾰족한 것으로 살짝만 건드려도 뻥 하고 터져버린다.

이와 같은 경험을 나는 몸소 겪었다. 내 꿈의 조각들이 모이고 모여 드디어 포화상태가 되었을 때 풍선 터지듯 터져버렸다. 그때 내 꿈의 풍선을 뻥 하고 터트려줬던 사람은 남편이었다. 남편은 날카로운 바늘로 꿈의 풍선을 터뜨렸다. 그 날카로운 바늘은 바로 "책 한번 써봐!"라는 한마디였다.

'책과 관련된 일을 하고 싶은데, 어떤 일이 좋을까? 계속 공부하고

성장하는 삶을 살고 싶어.'

마침 이런 고민을 하고 있던 때였다. 그런 와중에 남편이 건넨 한마디가 내 인생을 송두리째 바꿔버린 것이다. 그리고 이어서 날아온 한마디는 내가 책을 쓰도록 결심하게 해준 결정타였다.

"다이어트 경험담에 대해 써봐."

만약 남편이 '경험담'이 아니라 시나 소설을 쓰라고 했다면 아마도 그 말을 흘려들었을 것이다. 당시에는 재능이 있거나 성공한 사람들만 책을 쓰는 거라고 생각하던 때였으니까. 경험담을 쓰라는 말은 나도 충분히 쓸 수 있다는 말처럼 들렸다.

'까짓것, 한번 써볼까?'

그런 생각으로 며칠을 보냈다. 그 며칠 동안 남편이 했던 말이 문득문득 떠올랐다.

'내가 작가가 된다? 멋지다!'

가슴이 뛰었다. 그러나 가슴이 뛰고 마음은 굴뚝같아도 현실이 보였다. 국문과를 나온 것도 아니고, 학창시절 문학소녀의 꿈을 가져본 적도 없었고, 글짓기 대회에 나가 상을 타본 적도 없었다. 그 흔한 라디오에 사연을 보낸 적도 없는 나였다. 글쓰기의 경험은 어릴 때 썼던 편지와 일기가 전부였다. 작가는 책도 많이 읽고 많이 알아야 할 것 같은데, 내가 읽은 책은 초등학교 때 읽은 세계문학 몇 권과 성인이 돼서 어쩌다 읽은 추리소설이나 역사 소설이 고작이었다. 이런 내가 작가가 된다고 하면 남들이 뭐라고 할까 싶었다.

며칠 동안 고민한 끝에 일단 작가가 되기로 결심은 했다. 하지만 우리 가족 외에 주변 사람들에게 아예 말도 못 꺼냈다. 지인이 요즘 뭐하며 지내냐고 물어오면, 이것저것 배우고 있다고 대충 둘러댔다. 결심만 했지 아직 자신감도 부족하고, 무엇보다 나 스스로를 인정할 수 없었다.

책 쓰는 방법과 글쓰기 방법에 관한 책을 읽기 시작했다. 문장력을 키우기 위해 베껴 쓰기, 모닝페이지 쓰기, 어릴 때의 추억담 쓰기 등 여러 가지 방법을 동원했다. 잘되든 안 되든 매일 글을 쓰려고 노력했다. 책을 쓰기 위해서는 경쟁도서를 읽고 분석해야 한다고 해서 부지런히 다이어트 책을 읽어나갔다. 그렇게 다이어트 관련 책을 100여 권을 읽어갈 즈음 이상하게 내용에 집중할 수가 없었다. 내가 원하는 주제가 아니었기 때문이다.

다이어트 책을 쓰기 위해서는 한 달에 10kg을 뺐다든지, 특별한 다이어트 비결이 있다든지 하는, 자극적이거나 시선을 끌 만한 내용이 필요하다. 그러나 내 경험은 너무도 평범해 보였다. 결혼 전에 통통하던 나는 이런저런 다이어트를 하면서 건강이 나빠지고 몸은 살이 잘 찌는 체질이 되었다. 그런 내가 결혼 후 남편처럼 식사를 꼬박꼬박 하다 보니 의도치 않게 다이어트가 되었다. 식사를 규칙적으로 하고 간식을 먹지 않으니 그렇게도 빠지지 않던 군살이 빠졌고, 건강도 되찾았다. 몸무게도 사실은 결혼 전과 기껏해야 3kg밖에 차이나지 않았는데도 그전보다 한결 날씬해 보였다(남들이 그렇게 말했다). 결론은 나의 경우 미용 다이어트가 아니라 건강 다이어트가 된 셈이다. 이런 내용으로 책을 쓴다면 너무 원론적인 이야기라 먹히지 않을 거라 생각했다. 사실 그것은 표면적인 이유이고, 근본적인 원인은 따로 있었다. 바로 내가 쓰고 싶은 주제가 아니었던 것이다.

콘셉트에 대한 고민이 깊어지자 어떤 모습의 작가가 되고 싶은지 생각을 정리해 보았다. 사실 자기계발서를 읽으며 항상 내 마음을 두근거리게 만드는 단어는 꿈, 성공, 학습, 성장, 변화와 같은 말이었다. 나는 학습하는 삶, 성장하는 삶을 살고 싶었다. 꾸준히 공부하고 어제보다 나은 내가 되고자 노력하는 그런 글쟁이가 되고 싶었다. 결국 꿈을 이뤄가는 내 이야기를 다루는 것이 가장 좋은 주제라고 생각하며 콘셉트를 정하게 되었다.

당신이 행복에 취해 책 쓰기에 몰입하고 싶다면 우선 당신의 '그 일'을 찾아야 한다. 당신이 쓰려고 하는 그것이 당신이 진정 하고 싶어 하는 일에 닿아 있어야 하기 때문이다. 그렇지 않고서는 스무 장짜리 원고지를 메우는 글쓰기도 아닌, 짧게는 몇 달, 길게는 한도 끝도 없이 매달려야 하는 책 쓰기를 끝장낼 수 없기 때문이다. 새삼스럽더라도 당신이 오래도록 꿈꾸어온 것이 무엇인가 면밀히 살펴야 한다. 지금 눈앞에 펼쳐진 저수지에 그치지 말고 그 물길 끝을 찾아 올라가봐야 한다. 그 끝에서야 당신이 진정으로 매료되어 열광하는 그 어떤 본질적인 것과 만나게 될 것이다. 그리고 알게 될 것이다. 당신이 정녕 무엇을 원하는가를.

－《당신의 책을 가져라》, 송숙희, 국일미디어

콘셉트가 정해지고 나서 독자를 분석하고 파악하기 위해 나는 문고 또 물었다. 책을 쓸 때 가장 중요한 것은 독자이고, 그 독자의 욕구를 파악해서 채워주는 게 핵심임을 많은 책을 통해 알 수 있었다. 결론은 내가 쓰고 싶은 책이 아니라 독자가 읽고 싶은 책을 쓰라는 말이었다. 책을 쓰는 일은 나를 돌아보며 정리하는 과정이었다. 이런 통찰을 통해 비로소 맨몸의 나를 만나게 되었다.

《익숙한 것과의 결별》을 쓴 구본형 작가의 말처럼 책 쓰기는 가장 잘 배우는 과정인 것만은 분명했다. 4년의 습작 기간에도 나름 성장하기는 했지만, 이후 1년여 동안 책을 쓰는 기간은 참으로 많은 공부가 되었다. 독자의 생각을 따라가려 애썼고, 수없이 내 생각을 물어가며 내 마음속 생각들을 알아내려 많은 고민을 했다. 그런 과정은 그 어떤 책을 읽는 것보다 더 깊은 공부가 되었다.

자신을 성장시키고 싶은가? 인생을 변화시키고 싶은가? 그렇다면 책을 써라. 무엇보다 뛰어난 공부법이라고 자신할 수 있다.

예전에는 실패로 얼룩진 내 초라한 삶이 부끄럽고 싫었다. 하지만 이제는 그런 삶이 작가가 되기 위해 필요했던 것은 아닐까 생각한다 (하느님은 작가가 될 나를 위해 계획이 있었던 걸까? 그렇게 믿고 싶다). 인생은 참으로 아이러니하다. 부끄러웠던 내 실패들이 풍부한 글감이 되는 상황으로 역전됐으니 말이다. "야구는 9회 말 2아웃부터다"라는 말이 있듯이 내 인생도 아직 끝난 것이 아니다. 더 멋진 역전을 위해 그동안 내 삶이 존재해 왔다는 것을 생각하며 오늘의 작은 실패도 겸허하게 받아들인다. 그 실패가 나의 자산이 될 수 있으니 말이다.

도서관에서 살다가
찾은 사람

본격적으로 도서관 생활이 시작되었다. 나의 부족함을 채우기 위해 독서와 글을 쓰는 건 기본이었다. 남편이 출근하고 애들이 등교하면, 대충 집을 청소하고 9시쯤에 도서관으로 출근(?)했다. 20분가량 걸리는 도서관을 향해 이런저런 생각을 하며 걷다 보면 행복감이 밀려왔다. 내가 좋아하는 일을 할 수 있는 지금의 이 시간, 이 환경에 한없이 감사했다. 9시 30분쯤 도착해 자유 글쓰기와 베껴 쓰기를 하다 보면 오전 시간이 금방 지나갔다.

도서관에서 책을 읽고 있으면 새삼스레 학창시절로 돌아간 것 같아 즐거웠다. 원해서 하는 공부가 이렇게 재미있고 집중도 잘 되구나 싶었다. 종일 도서관에 처박혀 있어도 그 시간이 조금도 지루하지 않았다. 너무도 행복했다. 매일 책을 읽으며 몰랐던 것을 새롭게 알아가는 것도 재미있었고, 조금씩 내가 성장하고 있다는 생각이 들어 뿌듯했다. 하루를 보내고 집으로 향하는 발걸음이 그렇게 가벼울 수가 없었다.

도서관 생활을 하게 되자 자연스레 주변 지인들과도 자주 만나지 않게 되었다. 나는 점점 혼자만의 시간을 만끽했다. 사실 공인중개사 공부하던 때에도 혼자 공부하는 걸 더 좋아했다. 사람마다 집중도가 다르고, 공부 잘되는 시간대가 따로 있다. 누군가와 함께 공부하러 가면 어느 정도 집중이 될 찰나 "커피 한잔 마시자", "간식먹자"하고 불러내기 일쑤였다. 당연히 공부에 방해가 되었다. 혼자 공부할때는 집중의 한계를 나에게 맞췄다. 잘될 때는 몇 시간이고 계속하다가 배고프다 싶으면 밥을 먹고, 쉬고 싶다 싶으면 쉬었다. 내가 하고싶을 때 하고 싶은 대로 했다. 나는 그런 자유로움이 좋았다.

결혼하고 동네 아줌마들과는 잘 어울리지 않았다. 아이를 낳은 뒤아이 친구가 필요해 놀이터에서 만난 엄마들과 어울리기는 했지만그다지 즐기지 않았다. 동네 아줌마들과 차를 마시며 얘기를 하다 보면 뭔가 자꾸 헛헛함이 느껴졌다. 만나서 시댁과 남편 흉허물 보는것을 매일 반복하다 보니 더 이상 만나고 싶지 않았다.

《꿈이 있는 아내는 늙지 않는다》에서 김미경 강사는 비슷한 수준의 아내들이 매일 만나는 모임을 일명 '103동 505호 멤버'라고 상징적으로 표현했다. 그리고 이 모임을 주부들이 가장 먼저 파괴해야 할여성의 적으로 간주했다. 이 모임 안의 대화에는 다음과 같은 세 가지 특징이 있다고 한다.

첫째는 했던 이야기를 수없이 리바이벌한다. 남편 이야기, 시댁 이야기, 학원 이야기 등 뻔한 이슈와 테마를 가지고 몇 달 전에 나누었던 대화를 반복한다.

둘째는 '내가 더 못 산다', '내가 더 힘들다' 등 자신을 부정적으로 평가한다(맞다. 만약 누군가 자신은 행복하다고 말하는 순간 왕따 당한다).

셋째는 대화 수준에 맞춰 차츰 분별력을 상실해간다. 멤버 중 누군가가 부정확한 정보를 말해도 대화 수준이 낮다고 할까봐, 왕따 당할까봐 다른 견해를 말하지 못한다. 그러다 보니 무리 중 한 명이 하는 말을 무조건 옳다고 생각하는 지경에 이르러 자신들이 잘못된 정보에 오염되었다는 사실을 서로에게 말해주지 못한다.

애들이 초등학교 다닐 때 학부모 모임이 있었지만 되도록 나가지 않았다. 정보 공유한다는 명목으로 만난다고는 하지만 몇 번 나가본 결과 신빙성 없는 정보에 불과했다. 대부분의 만남이 의미 없이 끝나곤 했다. 김미경 강사가 지적한 세 가지 특징이 나타나는 모임이었다. 그런 모임에 나가 시간을 허투루 쓰기 싫었다. 마침 그 무렵 나는 이십대 대부분을 방황으로 낭비했다는 자책감 때문에 남들보다 더 열심히 노력해야 한다는 생각을 품고 있던 차였다. 나는 그 생각을 실천에 옮길 겸 그 모임을 멀리했다.

도서관을 다니던 4년간 끊임없이 책을 읽고 또 읽었다. 대부분이 자기계발서였다. 집에 와서도 저녁만 먹고 나면 다시 책을 들었다.

휴가 때에도 남편과 아이들이 놀고 있으면 그늘에 앉아 책을 읽었다. 도서관 책을 자주 그리고 많이 빌려 보니까 나를 알아보는 사서들이 많아졌다. 우량회원이라고 일반회원보다 더 많이 대출해주는 곳도 생겼다. 집 근처 시립도서관에만 가지 않고 구립도서관도 자주 이용했다. 시립도서관에 없는 책들이 구립도서관에 있는 경우가 의외로 많았기 때문이다. 어떤 도서관은 도서관 앞에 공원이 잘 조성되어 있어서 산책하기에 좋았다. 산책을 이유로도 도서관을 이용하곤 했다. 나에게 도서관은 단순히 책을 읽고 공부하는 곳만이 아닌, 내 영혼에 성장과 쉼을 주는 아주 특별한 곳이었다.

처음 콘셉트가 명확하지 않았을 때는 어떤 책부터 읽어야 할지 몰랐다. 그래서 권장도서와 유명인들이 권하는 추천도서를 읽었다. 추천도서는 독서에 입문한 사람들에게는 책을 고르는 안목이 없어도 검증된 책을 볼 수 있다는 장점이 있다. 하지만 자신의 현재 필요한 욕구를 독서로 찾으려고 하는 사람에게는 다소 겉도는 독서가 될 수 있다는 맹점이 있다. 나는 처음엔 다른 사람들이 추천하는 책을 읽다가 차차 내게 필요한 욕구를 풀어줄 책으로 읽기 시작했다. 어떤 때는 독서법 책을, 어떤 때는 책 쓰기에 관한 책을 보았다. 또 애들 교육문제로 고민할 때는 자녀교육과 관련된 책을 읽기도 했다. 독서에는 정답이 없다. 자신의 처지와 환경에 맞는 독서가 있을 뿐이다.

도서관에서 보낸 4년은 내 평생 가장 치열하게 고민한, 그 고민으로 인해 가장 많이 성장한 시간이었다. 누구보다 열심히 살려고 했고, 빠져들었고, 처절하고 외로웠지만 나는 그 시간을 즐겼다. 고독했던 그 4년은 내 인생의 가장 행복한 시간이기도 했다. 나는 그 시간을 통해 고독을 맘껏 즐길 수 있었다.

혼자인 것은 결국 나 자신과 함께 있는 것이다. 그런데 나 자신은 혼자 있기에 그렇게 재미있는 사람도, 그렇게 본받을 만한 사람도 아니다. 때로는 나 자신이 무섭거나 싫기도 하다. 혼자일 때 우리는 낯선 타인들에게 받아들여져야 하고 이해되어야 한다. 내게는 나 자신이 괜찮은 사람, 믿을 만한 사람이라는 표식이 없기 때문이다. 친구나 동행이라는 표식 말이다. 어색하거나 당황스러운 상황에서 함께 실소라도 터트리며 그 감정을 공유할 사람도 없다. 의지할 사람도 없고 도움을 요청할 사람도 없다. 무엇보다 시선을 둘 곳이 없다. 특히 혼자 밥을 먹을 때는 그래서 사람들은 두려워하는지도 모른다. (중략) 나는 여전히 혼자 밥을 잘 먹는다. 내가 계속 혼자 밥을 잘 먹는 이유는 혼자 먹지 않아도 되는 현실이 든든하게 버티고 있기 때문이다. 내게는 가족도 있고 친구도 있다. 그러니까 점심 정도야 혼자 먹는다고 해서 비참할 이유가 없다.

―《온전히 나답게》, 한수희, 인디고

글이 막힐 때마다 힌트를 얻었던, 한수희 작가의 《온전히 나답게》의 일부이다. 고독에 대한 정의를 이렇게 명쾌하게 설명한 사람이 또 있을까 싶을 정도로 깊이 공감한다.

그렇다. 내가 혼자만의 시간을 즐길 수 있었던 것은 나를 응원해 주는 우리 가족이 든든하게 버텨주고 있었기 때문이 아니었을까? 그 덕분에 나는 온전히 나답게 살아갈 수 있는 것은 아닌지…….

작가는 오늘 글을 쓴
사람이다

나는 재능이 없다. 화려한 경력도 없다. 성공하지도 못했다. 국문
과나 문예창작과도 나오지 않았다. 그럼에도 불구하고 나는 작가가
되기로 결심했다. 그리고 작가가 되었다.

내가 작가가 되기로 결심한 것은 순전히 글쓰기에 대한 습관 덕분
이었다. 습관이라고 해봐야 일기 쓰기가 전부이지만, 이런 작은 습관
이 때로는 어떤 일의 시작점이 될 수 있다. 어릴 때부터 편지나 일기를
써오다 보니 나도 모르게 글쓰기가 일상처럼 부담 없는 일이 되었다.

글 쓰는 일을 두려워하지 않게 되기까지 둘째 언니의 힘이 컸다.
초등학교 2학년 즈음 여름 장마로 피해당한 사람들이 울고불고하는
것을 TV를 통해 보았다. 그런 장면을 보며 일기를 썼는데, 내 일기를
본 언니가 말했다.

"우리 막내, 글을 아주 잘 썼네!"

그때부터였으리라. 내 안에 글쓰기의 씨앗이 자라기 시작한 것은.

내가 어릴 때 아버지는 여수에 사는 작은아버지에게 가끔 편지를 쓰시곤 했다. 내가 초등학교에 들어가 글씨를 제법 쓰기 시작하자 그 편지를 나에게 대신 쓰게 하셨다. 처음엔 아버지가 불러주는 대로 썼다가 나중엔 내가 직접 쓰게 되었다. 그렇게 몇 년 동안 작은아버지에게 아버지 대신 편지를 쓰며 나의 글쓰기 수업(?)은 계속되었다.

6학년 때 둘째 언니가 직장이 있는 경기도로 떠나면서 편지를 주고받게 되었다. 언니에게 편지 쓰는 일은 당시 나에게 재미있는 놀이였다. 언니는 편지를 보낼 때마다 편지지 안에 인삼 껌을 두어 개씩 넣어서 보내곤 했다. 지금도 인삼 내음을 맡으면 언니와 편지를 주고받던 추억이 새록새록 떠오른다. 내가 편지를 보내면 언니는 친구들과 함께 읽었다. 시골 아이가 보낸 사투리로 가득한 편지를 보며 언니와 언니 친구들은 배꼽을 잡고 웃었다고 한다.

고등학교 때에는 일기를 틈나는 대로 썼다. 방황하던 이십대에는 나의 혼란스럽고 답답한 마음을 글로 배설했다. 이런 경험들로 글을 쓰는 일이 만만해졌다. 그렇다고 내가 글을 잘 쓴다고 생각지는 않았다. 책을 위한 글은 개인적인 일기나 편지와 다른, 누군가에게 보이기 위한 글이기에 좀 더 다른 접근이 필요하다. 다만 처음 작가가 되기로 마음먹은 순간에는 우선 글쓰기에 대한 두려움 없이 시작한다는 것이 매우 중요하다고 생각한다.

작가는 글을 쓰는 사람이다. 물론 그렇다고 특별한 사람은 아니다.

"작가란 오늘 아침에 글을 쓴 사람이다."

《누구나 글을 잘 쓸 수 있다》의 저자 로버타 진 브라이언트의 말이다. 처음 이 글을 접했을 때 나를 위한 말 같았다. 작가는 글을 잘 쓰는 사람도 아니고, 재능이 있는 사람도 아니고, 책을 냈던 사람도 아니고, 다만 오늘 아침에 글을 쓴 사람이라니. 자신감이 떨어지다가도 이 말을 되새기면 다시금 불끈불끈 힘이 솟았다. 책 쓰기 초보였던 나에게 가장 힘이 되었던 말이다. 지금도 내가 가장 좋아하는 말이기도 하다. 그렇다. 작가는 그저 오늘 글을 쓴 사람일 뿐이다. '작가(作家)'라는 단어의 한자를 직역하면 '짓는 사람'이라 풀이할 수 있다. 즉 '짓지 않는 사람'은 작가라고 부를 수 없는 것이다. 스스로를 작가라 생각하는 나는 매일 글을 '지으며' 살고 있다.

책을 쓰기로 마음먹은 뒤 좋은 글쓰기 입문서를 찾아 읽기 시작했다. 그때 나와 만나준 책들은 《뼛속까지 내려가서 써라》, 《아티스트 웨이》, 《누구나 글을 잘 쓸 수 있다》 등이다. 글쓰기 입문서는 방법에 관한 책보다는 글쓰기에 대한 두려움을 없애주는 내용을 담은 책이 좋다고 생각한다.

그런 의미에서 줄리아 카메론의 《아티스트 웨이》를 추천한다. 그 책에서 언급한 '모닝페이지'는 아주 좋은 글쓰기 방법이다. 모닝페이지란, 새벽에 일어나자마자 2페이지씩 무조건 아무 글이나 써 나가는 방법을 말한다. 일명 '막 쓰기'다. 글은 생각을 정리한 후에 쓴다는 고

정관념을 깬 방법론이다. 저자는 '막 쓰면' 생각이 정리된다고 한다.

나 또한 그 경험을 했다. 새벽에 일어나 무조건 막 쓰다 보면 희한하게 손이 생각과는 별개로 움직였다. 생각을 정리할 시간이 없을 정도로 쉼 없이 손이 나아갔다. 그렇게 미친 듯 쓰다 보면 내가 생각지도 못했던 아이디어가 나오기도 했고, 고민하던 문제가 해결되기도 했다. 물론 처음부터 그렇게 되었던 건 아니다. 처음에 글을 쓰면 자꾸 손이 멈췄다. 다른 사람의 말을 빌리자면 '내면의 검열관'이 자꾸 방해했다. 즉 글은 재능이 있어야 한다든지, 문맥이나 철자에 맞게 써야 한다든지 하며 고지식한 내면의 검열관이 글을 쓰지 못하게 방해했다는 것이다. 하지만 개의치 말고 막 써 내려가야 한다. 말이 되든 말든, 철자가 틀리든 말든 상관하지 말고. 그렇게 한 페이지 두 페이지 써내려가다 보면 어느새 '내' 손이 미친 듯이 나아가는 것을 경험하게 될 것이다.

또한 꼭 새벽에 글을 쓸 필요는 없다. 개인적으로는 새벽에 글을 쓰며 하루를 여는 것을 좋아하지만, 그것이 무척 효율적이라고 생각하지만 절대적인 것은 아니다. 자신의 스타일을 찾으면 된다. '이브닝페이지'여도 좋고, '나이트페이지'여도 좋다. 중요한 것은 매일 꾸준히 쓰는 것이다.

어느 날 구본형 작가의 《그대 스스로를 고용하라》를 읽게 되었다. 구본형 작가는 회사생활을 하는 중에 책을 썼는데, 그가 바쁜 와중에도 책을 쓸 수 있었던 비결은 새벽 시간을 이용했기 때문이다. 새벽에 2시간을 확보해서 매일 글을 쓰다 보면 책을 충분히 쓸 수 있다고 그는 말했다. 나는 구본형 작가를 보며 좀 더 쓰는 양을 늘려야 한다고 생각했다. 하루 쓰는 양이 불규칙했던 나는 매일 10페이지는 의무적으로 쓰자고 자신과 약속했다. 매일 그렇게 쓰다 보니 나에 대한 믿음이 생겼다. 새벽에 글을 써 놓으니 낮 동안에 온전히 독서에 몰입할 수 있었다. 다만 한 가지 아쉬웠던 점은 혼자 주먹구구식으로 책 쓰기에 도전하다 보니 피드백 없는 글쓰기의 한계를 경험했다.

책을 쓰는 일은 쉽지 않았다. 가장 중요하다고 할 수 있는 콘셉트와 타깃을 정해야 하는데 초보 작가에게 이런 일은 쉽지 않았다. 그렇더라도 나는 이러한 시행착오를 겪는 과정은 꼭 필요하다고 생각한다. 전문가에게 글쓰기를 배워 바로 책을 쓴 사람들이 알지 못하는, 그래서 더 가치 있는 부분이 분명 존재한다. 내게 콘셉트를 잡기 위해 보낸 시간은 너무도 지난한 과정이었다. 하지만 고민하며 하나씩 방법을 찾아 이 책 저 책 뒤져가며 얻은 지식이나 깨달음은 그 어떤 것보다 큰 경험이 되었다. 시행착오를 통해 얻은 경험들은 오로지 내 것이 되었고, 유익을 주었다.

혼자 그렇게 4년간 습작을 하다가 책 쓰기 수업을 통해 전문가를 만났다. 그때 나는 비로소 그동안의 내 노력이 헛되지 않았음을 알았다. 그 수업은 다른 어떤 수업보다 집중이 잘 되었고 귀에 쏙쏙 박혔다. 나의 경험과 그 교육이 어우러져 더 크게 와닿았기 때문이다. 어떤 일에 대해 아예 모르고 시작하는 것과 조금이라도 경험한 상태에서 시작하는 것은 전혀 다르다. 흡수력과 소화력에서 단연 차이가 난다. 책을 단 한 권만 내는 것으로 만족할 사람이라면 바로 전문가의 도움을 받아 쉽게 글을 쓰는 것도 좋은 방법이다. 하지만 작가로 평생을 살고자 하는 사람이라면 혼자만의 습작 기간을 단 1년 만이라도 경험하는 것이 좋다. 멀리 내다봤을 때 더 큰 힘을 발휘하리라 생각한다.

책 쓰기 수업은 일주일에 한 번 서울에서 진행되었다. 10주간 하는 수업이다 보니 두 달이 넘게 매주 토요일 새벽차를 타고 갔다가 저녁 늦게야 돌아왔다. 광주에서 서울까지 왕복 7시간을 꼬박 차 안에서 보낸 것이다. 몸은 피곤하지만 혼자서는 알지 못했던, 전문가가 가르치는 퀄리티 있는 배움을 하나라도 놓칠세라 마음에 꾹꾹 새겨 담았다. 꿈같은 시간이었다. 동기들과 서로 피드백을 해주며 용기도 북돋아주니 든든하고 외롭지 않아 좋았다. 같은 수업을 받는 쟁쟁한 동기들보다 많은 면에서 뒤처지기에 더 열심히 노력하자고 마음먹었다. 그리고 실제로 마음먹은 바를 실천했다. 일주일에 한 번 과제가 주어지면 마음에 들 때까지 고치고 또 고쳤다. 다행히 4년간 꾸준히 글을 써왔던 감각이 도움을 주었고, 그 힘으로 수없이 퇴고의 과정을 거친 내 글은 선생님으로부터 정돈되었다는 칭찬을 들었다. 간혹 잘 썼다는 소리를 들으면 떨어졌던 자신감도 생겼다. 역시 노력은 배신하지 않았다.

내 글이 정돈되었다는 소리를 들었던 건 쓴 글을 수십 번 보고 고치는 과정을 거쳤기 때문이다. 나는 초고를 쓸 때 먼저 노트에 쓰고 컴퓨터에 옮긴다. 대충 정돈을 한 후 인쇄를 해서 읽어본다. 컴퓨터로 볼 때 보이지 않던 오문이 인쇄된 종이를 통해서는 더 잘 보인다. 이렇게 하나의 글을 완성하는 데 최소 10번 이상은 읽어본다(더 많이 보는 글도 있다).

지금 이 소리를 듣고 '그렇게 힘들게 책을 써야 하나?' 겁을 낼 수도 있을 것이다. 그러나 걱정하지 마시라. 초고만 쓰면, 이어지는 퇴고의 과정은 즐거운 놀이라는 것을 알 수 있을 테니. 나는 이상하게 퇴고할 때 더 재미있고 쾌감이 느껴진다. 형편없는 글이 점점 좋아지는 과정을 보면 너무도 재미있어서 중독이라는 게 이런 건가 싶은 생각을 한다. "초고는 쓰레기다"라고 한 헤밍웨이의 말은 정말 맞다. 반론을 제기하는 사람도 있겠지만, 나의 경우는 전적으로 맞다. 초고는 쓰레기다.

하지만 퇴고를 거칠 때마다 그 쓰레기가 점점 보석이 되어간다. 나는 원래 완벽주의와는 전혀 어울리지 않는 사람이다. 털털하고 덤벙대는 성격에 실수투성이다. 그런데 글쓰기를 할 때는 나도 모르게 변하게 된다. 욕심이 생기고 철저해지는 나를 발견한다. 글쓰기는 내 성격까지도 변하게 했다.

재능이 없어도 경력이 없어도 성공하지 못해도 국문과나 문예창작과를 나오지 않아도 작가가 될 수 있다. 물론 선천적인 재능이 있으면 조금 더 유리할 수는 있다. 그러나 재능이 없다고 낙담하지 말자. 방법이 있다. 매일 2페이지든 3페이지든 꾸준히 쓰다 보면 후천적 재능이 장착될 것이다. 이제 더 이상 책 쓰기는 전업 작가들의 전유물이 아니다. 평범한 우리도 매일 글 쓰는 습관으로 충분히 책을 쓸 수 있다.

조금 후를 기다리며
꿈을 꾸다

나에게 꿈이란 뭘까? 세 가지 '기다림'으로 대답을 대신하다.

기다림 1

나에게는 여든 넘은 노모가 계신다. 5년 전 글을 쓰기 시작했을 때 친정 부근 도서관을 다녔다. 점심때에는 엄마와 밥을 먹었다. 12시쯤 내가 올 시간이 되면 엄마는 정성껏 상을 차리고 기다리셨다. 입맛 돋우는 제철 나물 반찬, 가끔 올라오는 고기반찬, 내가 좋아하는 찰밥까지! 혼자 드실 때는 대충 물 말아 드시던 분이 막내딸이 밥 먹으러 온다고 하면 그윽한 마음에 이것저것 준비하고 신경을 더 쓰시는 듯했다.

글을 쓰다가 조금 늦게 가면 엄마는 "오늘은 조금 늦었네. 안 오는 줄 알았다" 하시며 슬며시 미소를 보이셨다. 나이 지긋한 엄마를 위해 내가 차려드려야 하지만 일부러 나는 그러지 않았다. 내가 한 일은 맛있게 먹고 "역시 엄마 밥이 최고 맛있어" 하고 칭찬해드린 것뿐이다. 그리고 엄마의 반응을 살피는 것이다. 딸의 칭찬을 받은 엄마의 얼굴에 살며시 행복이 어린다. 엄마가 바라는 것은 대접받는 게 아니라 자식이 맛있게 먹는 모습을 보는 것이었다.

기다림 2

시골에 살았던 어릴 적, 오일장에 간 엄마를 기다리는 것은 하루 종일 설레는 일이었다. 맛있는 것을 사오실까, 내 옷이나 신발을 사오실까 하는 기대감에 온 신경이 엄마 올 시간에 맞춰졌다. 대부분 실망으로 끝나곤 했지만 엄마를 기다리는 그 하루는 온통 기대감으로 충만한 시간이었다. 엄마가 언제 오실까 목을 길게 빼며 기웃거리다 보면 멀리서 오는 엄마의 모습에 벌써 가슴이 벅차오르고 두근거렸다.

기다림 3

남편과 연애할 때 우리는 한 달에 한 번 만났다. 멀리 떨어져 지냈기에 한 달에 한 번 만날 때가 되면 며칠 전부터 설레기 시작했다. 우리의 데이트는 종종 내 자취방에서 이루어졌다. 그래서 데이트날이 다가오면 안 하던 대청소도 하고, 없던 요리 솜씨로 뭘 해서 밥을 먹을지 즐거운 상상을 하곤 했다.

토요일 오후 남자친구에게서 내 자취방에 도착했다는 연락을 받는다. 일이 끝나서 집으로 가는 길, 마음은 이미 집에 도착해 있었다. 내가 없는 빈 방에서 나를 기다리고 있을 그 사람이 조금이라도 빨리 보고 싶어 버스정류장부터 내달리기 시작했다. 드디어 집 앞에, 내 방문 앞에 도착하면 가슴이 콩닥거렸다. 지금도 그때 내 자취방을 떠올리면 가슴 떨림이 고스란히 느껴진다.

나에게 꿈은 거창한 것이 아니다. 지금보다는 나중이 기대되는 그 어떤 것이다. 오늘보다는 내일이 더 기대되는 그 어떤 것이다. 그래서 나는 기다린다.

기다림은 설렘이다. 엄마가 딸과의 점심을 기분 좋게 기다렸듯, 딸이 장에 다녀오는 엄마를 기다리며 설레었듯, 연인을 만날 순간을 며칠간 고대했듯 나에게 꿈은 그런 것이다. 기다림이 주는 궁금함과 기대감이 내게는 꿈이다.

왜 꿈을 꾸어야 하는가.

정답은 없다. 반대로 저마다 생각이 다르기에 수없이 많을 수도 있다. 나는 이 물음에 이렇게 답한다. 비록 지금은 멀어 보이는 꿈이라도 그 꿈을 상상하며 실천하는 과정에서 우리는 삶에 재미를 느끼고 미래에 대해 기대하게 되는 것이기에 꿈을 꾸어야 한다고.

기대감은 우리를 살게 하는 힘이 된다. 오늘 하루 너무 힘들어 발걸음을 떼기도 힘들 때 '나'를 나아가게 하는 건 바로 그 기대감이 아닐까. 나는 기대감으로 나아간다.

Chapter 3

냉수마찰로
정신 차린 여자

새벽에 차가워지면
하루가 뜨거워진다

나는 타고난 소음인이라 손발이 항상 차다. 어떤 때는 내가 살아 있는 사람같이 느껴지지 않을 정도로 온기가 없기도 했었다. 냉혈한 (?)처럼 느껴졌는지 심지어 모기도 나를 피했다. 그 정도로 내게 냉증은 고질병이었고 골칫거리였다. 어릴 적 시골에 살 때 한겨울은 정말 고역이었다. 방 안에만 콕 박혀 있어도 내 손은 밖에서 일하다가 들어오신 엄마의 손보다 더 차가웠다. 여름에도 비가 오거나 날이 우중충하면 어김없이 손발이 차가웠다. 한여름 빼고는 집에 있을 때 늘 양말을 신고 있었다.

아이 낳고 몸조리를 잘하면 체질이 바뀐다는 소리를 들었다. 그래서 출산 후에 정성을 다해서 몸조리했다. 3주간 친정에서 몸조리하고 집에 돌아와 2주 동안 산후도우미의 도움을 받으며 최대한 몸을 아꼈다. 한 달이 넘게 찬물을 만지지 않았다. 밥을 짓는 것도 남편에게 시켰다. 그렇게 한 달 넘게 몸을 사리고 있는데, 남편은 몸조리하는 것 치고는 너무 길지 않나 의아했나 보다. 친정에 갔을 때 엄마에게 남편이 물었다.

"어머니, 언제까지 이 사람 찬물 안 만져야 해요? 이제 밥은 해도 되지 않나요?"

이 말을 듣던 엄마가 웃음을 터트리며 말씀하셨다.

"어이구, 여태껏 안 하던가? 이제 해도 되는데……."

남편은 그동안 무거운 것 못 들게 하고, 힘든 일을 대신해 준 것이 억울하다는 듯, 어이가 없다는 듯 나를 쳐다보며 웃었다.

한 달 넘게 몸조리를 했던 것은 순전히 내 체질을 바꿔보자는 생각으로 그런 것이다. 진짜다. 그 정도로 내 딴엔 심각했다. 아무튼 '지나치게' 몸조리를 해서인지 한동안은 몸이 따뜻해진 것 같았다. 그러나 시간이 지나면서 다시 예전의 저주받은 냉증 체질로 돌아갔다. 체질은 그렇게 쉽게 바뀌는 게 아니었다.

다이어트 책을 읽다가 우연히 '냉증'에 관한 내용을 접했다. 생강 홍차, 사과 당근 주스, 우엉차 등 냉증 치유 관련 책은 다양했다. 체질을 바꾸기 위해 구하기 쉬운 재료 위주로 섭취도 해보며 생활 속에서 적용할 방법을 찾아 나섰다. 그러다가 찬물 샤워에 대해 알게 되었다. 일본의 한 의사가 냉증이 심해 찬물로 샤워를 하고 나서 몸이 따뜻해졌다고 한다. 겨울에 옷을 일부러 얇게 입고 다닌다는 그는 우리 몸은 겉이 추우면 몸 자체에서 열기를 내기 때문에 오히려 냉증이 있는 사람은 옷을 얇게 입는 게 낫다고 말했다.

그 시절 나는 새벽 4시에 기상하는 습관이 배어 있었다. 새벽에 일어나면 잠이 덜 깨어 머리가 멍한 상태라 고심하던 때였다. '찬물로 샤워하면 머리가 맑아지지 않을까?' 생각했다. 이때는 초겨울이었다. 원래 나는 한여름에도 미지근한 물로 샤워할 정도로, 찬물로는 세수도 안 하던 사람이었다. 그런 내가 체질 한번 바꿔보겠다고 한겨울 그것도 새벽 4시에 찬물 샤워를 하기로 결심했다.

실행은 무식하게 이루어졌다. 실행이라기보다는 강행이었다. 대야에 찬물을 받아 심장에서 먼 다리부터 조금씩 물을 끼얹어 심장이 갑자기 충격을 받지 않게 했다. 그렇게 서서히 찬물을 끼얹어 주고 나서 샤워기로 샤워를 했다. 오래는 안 했다. 그저 간단히 물을 끼얹는다는 생각으로만 했다. 그렇게 냉수로 샤워를 끝내고 나니 놀라운 일이 일어났다. 내 몸이 찬물에 닿고 차가워지자 비상사태라 생각하고 열을 내고 있었다. 몸을 닦고 옷을 입었는데 오히려 샤워하기 전보다 몸이 더 따뜻했다. 겨울에 따뜻한 물로 샤워를 하면 물기가 식으면서 더 추워지게 된다. 그런데 찬물로 샤워를 하고 나니 몸이 더 따뜻해지고 개운해졌다.

물론 처음에 내 몸에 찬물을 끼얹을 때는 끔찍했다. 고문도 그런 고문이 없었다. 하지만 샤워 후에 느껴지는 개운함과 내 몸의 변화로 나는 그 고문(?)을 이겨냈다. 내가 그렇게 독한 사람인 줄 냉수마찰을 통해 깨달았다. 새로운 나의 발견이었다.

샤워를 마친 후 발에 따뜻한 온열기로 감싸주고 뜨거운 허브차를 한잔 마시면 기분이 최고가 된다. 새벽에 일어나 멍한 상태의 머리는 더없이 맑아지고 건강한 기운이 장착된다. 그렇다면 냉수마찰을 하고 나서 냉증이 완전히 사라졌을까? 완전히 사라진 것은 아니다. 그러나 예전보다 손발이 많이 따뜻해졌고 몸 상태도 한결 좋아졌다. 물론 지금도 생강차나 허브차 등 몸을 따뜻하게 해주는 음식을 일부러 찾아 먹으려고 노력한다.

누군가 이 글을 보고 찬물 샤워에 도전하려고 한다면 한 가지 주의할 점이 있다. 갑자기 찬물을 몸에 끼얹으면 심장에 무리가 갈 수 있으니 대야에 찬물을 받아 심장에서 먼 곳부터 차근차근 끼얹으며 몸이 준비할 시간을 주어야 한다. 한겨울에 하는 게 망설여진다면 여름부터 서서히 도전해보자. 한겨울에도 거뜬하게 할 수 있을 것이다. 실제로 찬물 샤워를 하는 사람들 가운데 많은 수가 여름부터 시작했다고 한다. 여름에 시작하면 성공 확률도 더 높아진다고 그들은 말한다.

새벽에 일어나 찬물로 샤워를 하고 글을 쓴다고 하면 주변 사람들은 나를 이상한 외계인 보듯 쳐다본다. 친척들은 심장마비 걸리니 찬물 샤워는 하지 말라고 말리기도 한다. 그러나 새벽에 하는 나만의 의식이라 그만둘 생각은 전혀 없다.

새벽에 일어나 시간을 갖는다는 게 얼마나 좋은지 아는 사람은 알 것이다. 글을 쓰고 명상을 하고 이런저런 생각을 정리하며 하루를 시작하다 보면 다른 사람보다 시간을 더 보너스로 받는 느낌이 든다.

특히 바빠서 자기계발을 할 시간이 없다는 사람에게 새벽을 이용하라고 적극 권하고 싶다. 항상 늦게 자고 늦게 일어나던 나. 잠이 많아 엄마에게 '잠충이'라는 소리까지 들었던 내가 이제 새벽 4시에 일어난다고 하면 엄마는 신기해하신다. 나이를 먹어감에 따라 좋아지는 게 하나 있다. 잠이 줄었다는 것. 잠이 줄었다는 것은 어찌 보면 자기계발을 꿈꾸는 사람에게는 굉장한 기회가 아닌가.

가끔 한두 시에 잠이 깨기도 한다. 예전 같으면 계속 누워 더 자려고 했을 테지만, 지금은 바로 일어나서 글을 쓰거나 책을 읽는다. 그러다가 잠이 오면 그때 잔다. 예전에는 빨리 자면 왠지 억울하고 손해 보는 기분이 들어서 되도록 늦게 잤다. 결혼하고 아이가 없었을 때 새벽 1~2시에 자서 아침 7~8시에 일어나 남편의 아침을 겨우 차려줬다. 일요일엔 오전 11시가 넘도록 늦잠을 잤다. 그런 내가 오랫동안 새벽 4시에 일어나 하루를 시작하는 것을 보며 남편은 나를 인정해주기 시작했다.

"다른 사람은 몰라도 자기는 분명 성공할 수 있을 거야."

나 자신도 놀랐다. 그토록 게으르던 내가 이렇게 새벽에 일어날 수 있는 근성이 생기다니! 꿈이라는 것이 이렇게 힘이 세구나 싶었다. 그만큼 나는 절실했다. 그렇게라도 하지 않으면 꿈을 이루지 못할 것 같았다. 내가 좋아하는 일을 하니 새벽에 일어나는 고통도, 찬물 샤워의 그 끔찍함도 은근한 쾌감이 되었다. 마치 그 과정을 겪고 나면 목표를 더 빨리 이룰 것 같았다.

그렇게 꿈은 나를 부지런하게 만들어주었다. 나를 편하게 놔두지 않았다. 할 때는 괴롭고 번거로워도 이로 인해 내 꿈에 더 가까이 다가갈 수 있기에 나는 오늘도 기꺼이 새벽에 눈을 뜬다. 그리고 나만의 의식을 시작한다.

나는 멋진 애였다

작가의 삶을 선택하고 나서 얼마 안 돼 동네 학부모 모임에 나갔다. 식사를 끝내고 차를 마시면서 공인중개사를 그만둔 내가 앞으로 어떤 계획이 있는지에 대한 얘기로 옮겨갔다. 확실하게 말하지 못하고 자꾸 뭔가 숨기는 듯 얼버무리는 것을 보고 한 엄마가 집요하게 캐물었다. 나도 모르게 작가가 되려 한다는 말이 튀어나왔다. 그랬더니 분위기가 갑자기 묘하게 바뀌었다. 보통의 사람들이 갖는 평범한 꿈이 아니어서 그럴까? 아니면 내가 그만 한 그릇이 아닌데 분수에 넘치는 꿈을 말하니, 기가 막혀서 그럴까? 짧은 순간 많은 생각이 오갔다. 잠시 조용한 기류가 흐른 뒤 한 엄마가 말했다.

"언니, 언니는 예전에 조경할 때가 가장 잘 어울렸어."

예전에 남편과 실내 조경을 잠시 한 적이 있었는데, 그때를 말하는 것이었다.

'이 상황에서 갑자기 조경 이야기가 왜 나오냐? 설마 저 아줌마,

내가 작가의 꿈을 꾼다고 샘을 내나? 날 무시하는 거야?'

그 자리에서 아무렇지 않게 넘어갔지만 불쾌했고 상당히 기분이 나빴다. 그렇다고 조경 일이 하찮거나 나쁘다고 생각하는 것은 아니다. 나의 꿈이 아닐 뿐이다. 아무튼, 속마음이야 어떻든 잘해보라고 말해주면 어디가 덧나나 싶었다. 저녁에 남편에게 그 이야기를 씩씩거리며 했더니, 원래 꿈도 없는 사람들이 남 잘되는 꼴도 못 보고 샘이 나니까 그러는 거라며 위로의 말을 해주었다. 나 같았으면 어땠을까? 누군가 샘이 나도록 멋진 꿈을 꾼다고 말했을 때 마음속이야 어떻든 겉으로는 힘내라고 할 것 같았다.

그 일이 있고 얼마 지나지 않아서 공인중개사 합격 동기인 친구와 통화하게 되었다. 공인중개사 모임의 총무였던 내가 그 친구에게 총무직을 일임하고 글쓰기에 전념하기 위해 모임에도 나가지 않자 전화를 한 것이었다. 친구가 물었다.

"요즘 뭐 해?"

사실 아무것도 아닌 질문인데, 얼마 전 한 엄마의 그런 반응 때문에 말하기가 더 어려워 머뭇거렸다. 계속 다그치는 친구의 등쌀에 작가가 되기 위해 책 읽고 글 쓰고 있다고 얼떨결에 말해버렸다. 그랬더니 그 친구의 입에서 뜻밖의 말이 튀어나왔다.

"니가 그런 멋진 애였어?"

그 말을 듣는 순간 나도 모르게 마음의 빗장이 풀려 그동안의 이야기들을 술술 쏟아내기 시작했다. 그렇게 한참을 그 친구와 통화를 한 뒤 나는 이제부터 도망치지 말고 내 꿈을 당당히 말하자고 다짐했다. 저녁에 남편에게 이 이야기를 하자 그 친구가 더 멋지다고 말했다. 그런 상황에서 그렇게 말할 수 있는 사람이 얼마나 되겠는가. 그 멋진 친구의 이름은 '박은숙'이다. 나 정경숙의 친구 박은숙이다. 우리 둘은 정말 '멋진 애들'이다.

누군가가 슬플 때 위로의 말은 얼마든지 해줄 수는 있다. 그러나 다른 이의 성공을 마음 깊이 축하해주고 응원해주는 일은 아무나 하지 못한다. 내가 그런 경험이 있었기 때문에 알 수 있다.

결혼하고 1년쯤 되었을 때 친한 친구가 자신의 승진 소식을 전해 왔다. 친구에게 그 소식을 듣고 겉으로는 축하한다고 했지만 사실 내 마음에서는 답답함과 짜증이 밀려왔다. 친구는 저렇게 잘나가는데, 나는 이제껏 뭘 하고 살았나 싶었다. 나는 언제나 저렇게 인정받으며 살게 될까? 그러다 문득 그런 생각을 하고 있는 나를 발견하고 깜짝 놀랐다. 친한 친구의 성공도 진심으로 축하해주지 못하는 내가 얼마나 옹졸하고 지질해 보였는지…….

지난날 그 친구가 힘들 때 나는 위로도 해주고 힘이 되어주기도 했다. 친구도 자신이 힘들었을 때 내가 해준 위로 덕분에 잘 견뎠다고도 고백했다. 그런데 정작 그 친구의 성공에는 마음 깊이 축하해주지 못한 것이다. 그래서 옛말에 "사촌이 땅을 사면 배가 아프다"라고 했을까? 다른 사람 특히 나와 가까운 친구의 성공에 마음 깊이 축하해주는 것은 아무나 할 수 없는 일이라는 것을, 인격의 문제라는 것을 그 경험을 통해 알게 되었다.

꿈을 이루어가는 과정은 녹록치 않다. 그러므로 작은 위로와 격려의 말이 꿈을 꾸는 누군가에게는 큰 힘이 된다. 그런 이유로 터무니없어 보이는 꿈을 품더라도 할 수 있다고 믿어주는 친구가 곁에 있다면 참 좋은 일이다. 박은숙은 내게 그런 친구다. 그래서 나는 좋다. 나도 누군가에게 '좋은 친구'가 되어주고 싶다. 그래서 이 책을 쓰고 있는 것인지도 모른다. 당신이 무슨 꿈을 꾸든 그 꿈을 응원한다.

나는 어부의 삶을 지지한다

한때 나는 부자가 되고 싶었다. 폼 나게 살고 싶었고, 부유하게 많은 것을 누리면서 자유롭고 즐겁게 살고 싶었다. 결혼 초에 경매를 하고 재테크에 관심을 가졌던 것도 바로 그런 이유 때문이었다. 공인중개사로 일을 하면서 돈을 많이 벌어보고 싶었지만, 그 일도 생각만큼 잘되지는 않았다. 주변에 보니 공인중개사 일만으로는 수입이 불규칙해서 부동산에 투자하는 사람들이 많았다. 분양권이나 급매물, 신규아파트를 사거나 재개발하는 곳에 투자해서 돈을 벌고 있었다. 투자 관련 책과 경매에 관한 책은 많이 봤지만 막상 현장에 나가니 생각만큼 잘되지 않았다. 배짱이 없는 편은 아니지만 이상하게 부동산 투자와 관련해서는 쉽게 실천이 되지 않았다. 두렵기도 했고, 내 일처럼 느껴지지도 않았다.

부동산 중개업을 하면서도 수완이 좋은 사람들은 아주 수월하게 일을 하고, 큰돈도 쉽게 벌었다. 적당히 말주변도 있고 융통성이 있는 사람들이 특히 그랬다. 내겐 그것이 부족하다는 것을 공인중개사 일을 하며 깨달았다. 이상하게 일을 하다 보면 내 성격이 원래 이랬나 싶을 정도로 소심하고 답답하게 느껴질 때가 많았다. 이래저래 일에 흥미를 잃을 수밖에 없었다. 흥미를 잃으면서 사무실에서 중개업보다 독서와 글쓰기에 시간을 보내는 일이 더 많아졌다.

부자와 경제적인 자유인을 꿈꾸던 나, 그래서 오히려 특별한 꿈이 없었던 나. 꿈이 없던 시절에는 주변 친구들이나 지인들이 큰 평수로 이사하는 걸 보면 부럽고 샘이 났다. 나는 여전히 30년이 되어가는 24평형 아파트에 사는데, 그들은 점점 더 재산을 불려가며 삶의 질을 높여가는구나 싶었다. 그런데 꿈이 생기고 나서는 생각이 달라졌다. 주변에 누가 넓은 집으로 이사를 해도 예전처럼 신경 쓰이지 않았다. 책을 쓰고 강사로서의 삶을 살게 되었을 때, 곧 나의 꿈에 다가갔을 때는 그들의 물질적 부가 별개 아니라는 생각마저 들었다(물론 눈곱만큼도 부러움이 없지는 않고, 아주 조금은 있다. 나도 어쩔 수 없는 사람이니까).

브라질의 작은 마을 해변가에 한 사업가가 앉아 있었다. 바다를 바라보고 있을 때 한 어부가 작은 배에 큰 물고기 몇 마리를 잡아서 해안 쪽으로 노를 저으며 돌아오는 모습이 눈에 들어왔다. 고깃배가 더 가까워지자 사업가는 어부에게 물었다.

"물고기를 많이 잡으려면 시간이 얼마나 걸립니까?"

어부가 대답했다.

"오래 걸리지 않는다오."

"그러면 왜 바다에 좀 더 있으면서 고기를 더 많이 잡지 않습니까?"

사업가는 의아해서 물었다.

"이 정도 양이면 우리 가족 모두가 먹기에 충분하다오."

사업가가 또 물었다.

"그러면 고기를 잡고 남은 시간에는 무얼 하고 지냅니까?"

어부가 대답했다.

"음, 나는 주로 아침 일찍 일어나 바다에 나가 고기를 몇 마리 잡고, 집으로 돌아와 아이들과 놀아준다오. 오후가 되면 아내와 함께 낮잠을 자고, 저녁 시간에는 친구들과 마을에 모여 술을 먹지요. 우리는 밤늦게까지 기타를 치며 노래를 부르고 춤도 춘다오."

어부의 말을 들은 사업가는 그에게 제안을 했다.

"저는 경영학 박사입니다. 제가 당신을 좀 더 성공하도록 도와줄 수 있을 것 같습니다. 지금부터 바다에서 더 많은 시간을 보내면서 최대한 많은 고기를 잡으십시오. 그리고 돈이 조금 모아지면 더 큰 배를 구입해 이보다 더 많은 고기를 잡으십시오. 당신은 곧 배를 더 구입할 수 있고, 회사도 차릴 수 있게 될 것입니다. 통조림 제품을 팔 수 있는 공장을 짓고 유통망을 만들게 될 것입니다. 그러고 나면 이 마을을 떠나 상파울로로 건너가 본점을 세우고 다른 지점들을 경영하십시오."

어부가 말했다.

"그다음에는 어떻게 되오?"

사업가가 자신 있게 웃으며 대답했다.

"그 후에는 당신만의 집에서 왕처럼 살 수 있을 것입니다. 그리고 때가 좋을 때 증권 거래소에서 당신의 주식을 상장하면 당신은 더 큰 부자가 될 것입니다."

"그다음에는 어떻게 되오?"

어부가 물었다.

"그다음에는 당신은 마침내 은퇴를 하고 바닷가 고향 마을로 이사 해서 아침 일찍 일어나 고기를 잡고, 오후에는 집에 돌아와 아이들과 놀아주고 아내와 기분 좋은 낮잠을 자고, 날이 저물면 친구들과 어울 려 밤늦게 까지 술을 마시며 기타도 치고 노래도 부르고 춤도 추며 즐겁게 살 수 있지요."

어부는 어리둥절했다.

"그것이 지금 내가 하고 있는 것 아니오?"

결국 사람들이 열심히 일하고 돈을 모으는 것은 노후에 편하고 즐 겁게 살기 위해서일 것이다. 그런데 그 어부에게는 지금의 삶이 모든 사람들이 꿈꾸는 미래의 삶이었다. 어부는 이미 꿈을 이룬 것이다. 큰 재산 없이 딱 적당한 돈으로써.

자기계발서를 읽으며 성공을 꿈꾸던 때 나는 이 일화를 접했다.

어부의 이야기는 나에게 성공과 꿈에 대해 다시 생각해보게 했다. 조금만 욕심을 내려놓으면 정신없고 바쁘게 살지 않아도 된다. 어부에게 사업을 권한 사업가처럼 살아야만 성공하고 또 꿈을 이루는 것은 아니다. 둘의 삶을 비교해서 우열을 가릴 필요는 없다. 우리가 삶에서 즐거움을 느끼지 못하는 건 어쩌면 남과 비교해서 너무 높은 곳에 꿈을 놓고 있기 때문은 아닐까? 자기 자신을 그 높은 곳으로만 가라고 몰아세웠기 때문은 아닐까?

이제 나는 꿈을 이루는 과정을 충분히 즐기며 살아가려고 한다. 내 꿈을 응원해주는 사람들과 함께.

우리 집은 골동품 전시장 같다. 우리 집에 일단 들어오는 물건들은 10년을 채우지 못하면 절대 밖으로 나가지 못한다(간혹 우리 집과 맞지 않아 나가는 녀석이 있기는 하지만). 가전제품은 최소 10년이 모두 넘었다. 가장 오래된 녀석은 25년 된 가스레인지다. 내가 자취할 때 쓰던 건데 아직도 쌩쌩하다. 요즘 새로 나온 가스레인지보다 고장도 없고 화력도 좋다. 우리 엄마 집 가스레인지는 건전지 넣는 터치식인데 고장이 잦아 벌써 5개째 바뀌었다. 나는 이상하게 살림살이 욕심이 없다. 쓰던 것, 손에 익은 것이 좋다. 어떤 주부들은 몇 년마다 가전제품을 바꾼다고 하는데, 나는 고장 나지 않는 한 절대 바꾸지 않는다. 기계치에 가까운 내가 익숙한 것을 좋아해서인지도 모르겠다. 내가 유일하게 싫어하는 책이 있다. 제품설명서이다. 제품설명서 보고 익히는 게 싫어 그냥 웬만하면 참고 쓴다. 이런 내 취향과 남편의 취향은 비슷하다.

우리 딸은 예쁘고 아기자기한 것을 좋아해서인지 이런 아빠와 엄마의 취향이 맘에 들지 않는 듯하다. 그래서 종종 "이것 좀 바꾸자" 하고 말한다. 그런 딸에게 나는 이런 대답을 들려준다.

"이사 갈 때 바꿀 거야. 모두 버리고."

그러며 딸은 이렇게 반격한다.

"언제 이사 갈 건데?"

"조금만 기다려. 책 쓰고 강의해서 시골에 전원주택 사서 이사 갈 거니까."

마무리 공격 치고는 조금 약한 느낌이다. 다른 공격 수단도 있는데 왜 하필 전원주택인가. 누군가 좋은 집으로 이사하는 게 샘이 나서 그런가?

그렇다면 한 가지 방법이 있다. 누군가의 화려한 이사가 부럽지 않을 내 꿈을 찾으면 된다.

작가라는 꿈을 나는 찾았다. 그래서 이제는 크게 부럽지 않다. 나는 내 꿈을 위해 오늘도 열심히 달린다. 다만 미래의 내 전원주택을 완전히 포기한 것은 아니다. 전원주택은 내 꿈을 이루는 과정에서 얻을 보너스다. 이렇게 마음을 다잡았으니, 앞으로는 넓은 집으로 이사 가는 친구를 부러워해서도 안 된다. 그건 꿈을 가진 나를 섭섭하게 만드는 일이다.

지금 현재 내가 행복하고 좋으면 되지 않겠는가. 어디에 있든, 무엇을 하든.

최선을 다했기에
다음이 궁금하다

─────

아이콘의 노래 〈사랑을 했다〉에 이런 가사가 있다.

사랑을 했다 우리가 만나

지우지 못할 추억이 됐다

볼 만한 멜로드라마

괜찮은 결말

그거면 됐다 널 사랑했다

우리가 만든 러브 시나리오

이젠 조명이 꺼지고

마지막 페이지를 넘기면

조용히 막을 내리죠

처음 이 노래를 들었을 때 뭐 이런 노래가 있나 싶었다. 딱딱 끊어지는 느낌이 왠지 가사와 멜로디가 따로 노는 듯해 누군가의 독백을 듣는 느낌이랄까? 아무튼 이상했다. 그런데 들으면 들을수록 가사가 마음에 와닿았고, 가사 때문인지 점점 노래가 좋아지기 시작했다. 특히 "우리가 만든 러브 시나리오 이젠 조명이 꺼지고 마지막 페이지를 넘기면 조용히 막을 내리죠"라는 구절이 마음을 울렸다. 평범하게 보이는 연애 이야기가 마치 영화의 한 장면처럼 눈에 펼쳐지는 것 같아 가슴이 아련해졌다. 또 다른 의미로 우리의 인생을 이야기하는 것만 같았다. 나름대로 열심히 살다가 어느 순간 죽음이 눈앞에 닥쳤을 때 괜찮았다고, 많이 울고 웃고 사랑했다고, 열심히 살았다고 말하는 것처럼 들렸다. 노래 하나가 이렇게 나를 가슴 저리게 했고, 앞으로 어떻게 살아야 할지에 대해 진지하게 생각하게 해주었다.

문득 꿈을 찾아가던 나의 여정이 주마등처럼 스쳐 지나갔다. 원하는 일을 찾기 위해 많은 시행착오를 거쳤고, 방황하고 고민했다. 현실에서 겉도는 이방인 같은 삶이었다. 왜 그리도 나는 적당한 타협을 못했을까?

언젠가 남편이 말했다.

"세상 사람들이 모두 자기가 원하는 일을 하고 살지는 않아. 좋아하지 않는 일이라도 한 번 했으면 끝장을 봐야지. 하다가 그만둘 거면 아예 시작도 말아야지."

그 말이 맞긴 하다. 그러나 내 마음 깊이 공감하지 않는다. 다른 사람은 몰라도 나는 그렇게 할 수가 없었다. 그렇게 하고 싶지 않았다. 내가 철이 없어서일 수도 있고, 아쉬운 상황이 아니라 그럴 수도 있고, 이기적이어서 그럴 수도 있다. 또다시 그런 상황이 오더라도 그다지 달라질 것 같지는 않다. 나는 내가 좋아하고 하고 싶은 일의 경계가 너무도 분명해서 하기 싫은 일은 죽어도 하기 싫었다. 어찌 보면 현실에 맞지 않는 이상주의자일 수 있다. 다른 사람과의 관계에서는 내가 그냥 손해보고 마는 경우가 더 많았다. 나만 참으면 되고, 불이익을 당해도 다시는 그 사람과 마주하지 않으면 된다고 생각해서 싸우지도 않았다. 어지간한 일은 넘어갔다. 다른 사람들의 기준에 맞춰 그렇게 둥글둥글하게 살았다.

하지만 꿈이나 일에서만큼은 그러지 못했다. 사회 초년생 때 했던 경리직은 나와 맞지 않았고, 그 일이 너무나도 싫었다. 만약 1년만 꾹 참으면 된다고 계속하라고 했다면, 자존감은 더 떨어지고 나에 대한 믿음도 거의 없어져버렸을 것이다. 그만큼 그 일을 하는 동안 나는 시간이 갈수록 무능력해졌고, 멍하니 바보가 되어갔다. 남편의 말이 맞을지는 몰라도 100퍼센트 정답은 아니라고 생각한다. 내가 할 수 있는 일일 때는 그 말이 맞을 수도 있다. 시간이 흐를수록 내가 조금씩 나아진다는 생각이 들면 그렇게 해도 되겠지만, 하면 할수록 내가 바보가 되어간다고 느낀다면 더 이상 할 필요가 있을까? 맞지 않는 일을 억지로 하는 대신 그 시간에 다른 일에 도전하는 게 낫다고 생각한다.

내 꿈을 찾고 실천해가면서 어떤 때는 하루 4시간만 자고 나머지 시간은 온통 책 읽고 글 쓰는 일로 하루를 보내기도 했다. 다른 사람 눈에는 힘들게 보일지 모르지만 나는 해도 해도 재미있었다. 몸은 피곤해도 충분히 즐거웠다. 이렇게 원 없이 책 읽고 글 쓰는 일을 계속하고 싶었다.

물론 아무리 열심히 한다 해도 성공한 작가가 되지 못할 수도 있다. 그렇더라도 괜찮다. 글을 쓰고 책을 읽는 그 과정에서 충분히 행복했고, 내 삶이 더 풍요로워졌으니 말이다.

〈사랑을 했다〉 노래에서 비록 헤어졌지만 추억 속 어딘가에 남아있다는 것만으로 괜찮다고 하지 않던가. 열심히 사랑을 했고, 또 미워도 했고, 많이 배웠던, 그 당시에는 최고의 사랑이었지 않는가. 최고로 사랑한 사람과 이별을 하고 나서 또 담담하게 각자의 삶을 살아가자고 말하는 것이 얼마나 멋진가. 얼마나 쿨한가. 미워하면서도 놓아주지 않는 게 사랑일까? 그건 욕심이고 집착이다. 서로에게 불행이다. 이 사람과 도저히 아니다 싶을 때는 놓아주는 것도 사랑이다.

우리의 삶도 마찬가지다. 사는 동안 불행도 겪고 행복도 겪는다. 죽고 싶을 만큼 힘든 순간도 있고 '나'를 포기하고 싶은 순간도 있다. 그러나 그런 순간은 모두 우리 삶의 모습이다. 그때의 '내'가 했던 결정들은 후회가 남아도 당시에는 최선의 선택이었다. 그저 나중에 회상하며 추억하면 된다. 그리고 생을 마감하게 될 때 온전히 잘 살았다고 최선을 다했다고 여기면 된다. 연인을 떠나보내지 못하는 것처럼, 늘 후회하고 과거를 떠나보내지 못하면 그 사람은 과거에만 머물다가 불행하게 삶을 마감할 것이다.

나는 내 꿈을 찾기 위해 너무도 많은 시간을 보냈지만 후회하지 않는다. 앞으로 꿈을 이루기 위해 더 많은 시간과 싸워야 하겠지만 이제는 두렵지 않다. 오히려 기대된다. 내 인생의 그림이 어떻게 그려질지 얼마나 다채롭게 펼쳐질지 앞으로가 더 궁금해진다.

중년의 사치로 만드는
명품 인생

나는 명품을 모른다. 모르기 때문에 그다지 관심이 없다. 보석도 싫어한다. 몸에 치렁치렁 달고 다니는 걸 굉장히 귀찮아한다. 오죽했으면 귀걸이는 20년이 넘도록 똑같은 것, 그것도 원터치이다. 내 귀에 있는지조차 잊은 채 아예 내 피부려니 하고 내버려 둔다. 혹시나 해서 뚫어놓은 귀가 막힐까봐 아예 끼고 산다.

결혼해서 가장 즐겁게 부렸던 사치가 있다. 공인중개사 사무실을 차려서 개인 서재로 사용했던 일, 책 쓴다고 남편에게 5백만 원 받아서 서울을 오가며 교육받았던 일, 작가 된다고 도서관에 다니며 글 쓰고 책 읽으며 여유롭게 지냈던 일이다. 물론 돈을 더 많이 썼던 다른 일도 있지만 굳이 이 세 가지 일을 사치라고 치는 것은 바로 내가 가장 행복한 시간을 누렸던 순간이기 때문이다.

중년 여성과 꿈이라고 하면 그다지 잘 어울리는 것 같지는 않다.

꿈이라는 말은 십대 청소년이나 이삼십대 젊은이들에게 많이 쓰이는 단어이기 때문인 듯하다. 중년 주부는 자신의 꿈보다는 가족을 위해 헌신하고, 그것을 숙명이라 생각하며 살아간다. 중년의 나이가 되어 시간적·경제적 여유가 생기면 그들은 어떤 즐거움을 누리게 될까? 물질적으로 풍요로운 생활 또는 남편과 자식들의 성공이 그 즐거움의 대부분을 차지할 것이다. 중년 주부는 다른 사람과 대화할 때에도 자식이나 남편 이야기가 대부분이다. 하지만 이제는 다른 이의 성공을 말하기보다는 자신의 꿈을 이야기할 때다.

신혼 때의 일이다. TV에서 중형차 광고가 나왔는데, 그 내용이 "당신이 타는 차가 당신의 인격을 말해준다"라는 내용이었다. 당시 남편은 '타우너'라고 하는 아담한 봉고를 몰고 다녔는데 평소에 돈 벌어주는 기특하고 귀여운 놈이라고 자주 말하곤 했다. 그런 남편이 이 광고를 보자 어이없다는 듯이 말했다.

"그럼 내 인격은 타우너냐?"

이 말에 빵 터져 웃긴 했지만 뒷맛은 씁쓸했다. 그런 광고를 보며 사람들은 중형차를 탄 사람들에 대해 마음속으로 주눅이 든다. 아무리 아니라고 해도 사람이 어떤 차를 몰고 다니는가에 따라 시선이 달라지는 건 사실이다. 차뿐만 아니라 명품을 걸치고 다니면 모르는 사람들이 볼 때 그 사람은 품위 있고 멋진 사람이라 생각하지 않던가. 왜 사람들이 명품에 목숨을 거는가? '나'를 표현할 방법이 그것 말고는 없기 때문일 것이다.

우리나라 사람들은 유난스럽게 남을 의식한다. 명절 선물의 과대 포장만 보아도 알 수 있다. 과대 포장은, 일단 겉으로 화려하게 보여야 선물받는 사람에게 환심을 살 수 있다고 생각하는 우리나라 사람들의 보편적 경향을 공략한 상술이다. 선물 그 자체에 정성을 다하고 의미를 담으면 그만인데, 남이 '내' 선물을 어떻게 평가할까 하는 마음에 사로잡혀 과대 포장에서 벗어나지 못한다. 심지어 꽃다발도 꽃보다 포장이 더 예쁘다. 외국 영화를 보면 꽃다발을 종이에 싸서 주는 것을 볼 수 있다. 나는 그런 꽃다발이 더 멋지게 보인다. 종이로 싼 한 아름의 꽃을 가슴에 안고 연인에게 가는 모습이 그렇게 멋져 보일 수가 없다. 꽃은 오직 그 자체로 빛나는데, 거기에 무슨 다른 장식이 필요하단 말인가.

나이가 들어가면서 예쁜 것보다는 멋진 것이 좋다. 사람도 그렇다. 예전엔 예쁘고 잘생긴 사람을 좋아했지만 이제 인간적이며 멋스럽고 자연스럽게 나이 들어가는 사람이 더 좋다. 내 자신도 그렇다. 젊을 때는 예쁘지 않은 내 모습에 불만이 많았고, 그런 불만을 옷이나 다른 장신구로 가려보려고 했다. 그건 멋스럽지 못한 행동이었다. 이제는 멋지게 나이 들어가자고 스스로 다짐한다. 그런데 멋지게 나이를 먹는다는 건 뭘까? 외적인 모습을 치장하기보다 내면에 신경 쓰는 것이라 생각한다. 내면이 아름다운 사람이란 남을 배려하는 사람이 될수도 있고, 현명함과 지혜를 간직한 사람이 될 수도 있다.

언젠가 남편이 이런 말을 한 적이 있다.

"왜 비싼 옷을 오래 입는 줄 알아? 비싸게 샀기 때문에 더 신경 쓰니까 그래. 싸구려 옷은 싸게 샀으니까 세탁할 때에도 세탁기에 마구 돌리거나 얼룩이 생기면 싸게 산 거니까 하고 내던져버리지. 근데 비싼 옷은 세탁소에 맡겨 세탁하고, 얼룩 한 점 묻지 않게 얼마나 신경을 써? 그렇게 신경 쓰고 관리하니까 당연히 오래 입지."

일리가 있는 말이었다. 남편의 말에 어떤 이들은 원단 자체가 달라서라고 반론을 펼지 모르지만 요즘 세상에 원단 때문에 오래 입고 덜 입고의 차이가 얼마나 있을까? 사실 비싸게 산 옷에게는 특별 대접을 한다. 옷걸이에 걸어 구김 가지 않게 하고, 틈틈이 얼룩이 졌나 먼지가 묻었나 신경 쓴다. 반면 싸게 산 옷은 대충 옷장 안에 구겨 넣는다.

사람도 그렇다. 자신을 어떻게 관리하느냐에 따라 '내'가 명품이 되느냐 별 볼일 없는 사람이 되느냐 결정될 것이다. 물건은 이미 사는 순간 그 값어치가 정해져 있지만 사람은 얼마든지 자신의 값어치를 높일 수 있다. 자신이 이제까지 별 볼일 없어 보였고 또 그렇게 살아왔다면, 이제부터 '내'가 나를 어떻게 대우하고 투자하느냐에 따라 변신할 수 있다. 물론 그 변신은 외적인 부분에 그쳐서는 안 된다. 내적인 변신을 이루어야 변신이 완성된다.

명품 인생은 꿈이 있는 삶이다. 꿈이 있으면 아무리 초라한 차를 타고 오래된 물건을 지녀도 사람이 명품이기 때문에 그 자체로 빛난다. 꿈이 없고 명품만 걸치고 다닌다면 그 명품만 빛날 것이다. 그리고 명품은 인격과 아무 관련 없다. 중형차든 타우너든 역시 인격을 재는 척도가 아니다.

나는 느지막이 꿈을 꾸고 실천해가고 있다. 시간이 가고 오래될수록 더 가치가 생기는 진짜 명품이 되어가는 중이다.

Chapter 4

가정의 평화를 위해
엄마의 행복을 보장하라

하고 싶은 일이 많으니까
밥은 알아서

남편은 결혼 후에 막강한 내 편이 되어주었다. 어떤 일을 해도, 무슨 말을 해도 어지간한 일은 내 편에 서서 도와주었다. 이런 말을 하면 남편 잘 만났다는 둥, 남편이 보살이라는 둥 남편만 칭찬하는 사람도 있다.

그러나 나도 할 말은 해야겠다. 부부간에도 일방적으로 한쪽만 잘해서는 절대 평화가 유지되지 않는다. 남편이 나에게 잘하는 데는 이유가 있다. 심신이 미약한 사람은 그 이유에 충격을 받을 수도 있으니 마음을 단단히 먹기 바란다.

이유 1

아침밥을 챙겨주었다.

신혼 때부터 나는 아침밥은 매일 챙겨주었다. 임신해서 입덧할 때에도 차려줬으니 남편이 아침을 못 먹고 출근하는 날은 거의 없었다. 요리도 젬병이고 아침잠도 많았던 신혼 때부터 세끼 식사를 철칙으로 알던 남편을 위해 최선을 다해 차려주었다. 한번은 국을 끓였는데, 남겨서 한마디했다.

"만약 국 다 안 먹으면 내일부터는 국 안 끓여준다."

남편은 내가 아픈 걸 가장 무서워한다. 심지어 자신보다 먼저 죽으면 안 된다고 너스레를 떤다. 아침밥 때문이다.

이제 휴일에는 두 끼만 먹었으면 싶은데, 한 명의 복병이 나타났다. 남편을 꼭 닮은 딸아이다. 휴일 오전 11시 '아점(아침과 점심)'을 먹었는데, 1시에 또 점심을 주라고 한다. 꼭 세끼는 먹어야 한다면서. 중년이 되어 해방되는가 싶었는데 아직 갈 길이 멀다.

이유 2

자유를 맘껏 주었다.

신혼 때 남편의 나이 스물일곱이었다. 한창 놀 나이이기도 했고, 친구들 대부분이 결혼을 하지 않아서인지 한 번 어울리면 새벽 3~4시까지 놀았다. 친구 좋아하는 성격이라 이해해주었다. 약속한 술자리로 가기 전에 전화통화하면, 늦게까지 오지 않아도 절대 중간에 전화하지 않았다. 놀다 오라고 허락했으면 그걸로 끝이다. 남편이 말하는 나의 가장 좋은 점은 집착이 없다는 거다. 신경 쓰는 게 귀찮기도 하고, 사실 내가 잠이 많다.

한번은 남편의 친구 결혼식 전날에 남편이 저녁 내내 술을 마셨다. 다음 날 결혼식장에서 만난 한 친구의 부인이 내게 말했다.

"우리 남편은 새벽 2시에 왔어요. 속상해 죽겠어요. 병수 씨는 빨리 왔죠?"

"11시에 왔어요."

친구 부인이 자신의 남편을 힐난했다.

"거봐. 병수 씨는 11시에 왔다잖아!"

내가 한마디 덧붙였다.

"오전 11시요."

"……."

이유 3

집에 온 남편 친구들에게 눈치 주지 않았다.

남편은 또래 중에 결혼을 일찍 한 편이다. 이른 나이에 결혼한다고 하니 친구들이 반대했다고 한다. 속으로는 패씸했지만, 결혼을 반대한 적(?)들이 집에 오면 눈치 주지 않았다. 적들은 하루가 멀다 하고 와서 술판을 벌이고 놀다 갔다. 2박 3일은 기본이고, 석 달 가까이 기거하다시피 한 친구까지 있었다. 심지어 남편은 백수인 친구에게 용돈까지 주었는데, 못 본 척 해주었다. 내가 남편 친구에게 눈치를 안 준 건 착해서가 아니라 면전에 대고 싫은 소리를 못하는 성격 때문이다. 나중에 남편에게 잔소리를 할지언정 말이다.

이러한 이유로 남편은 나의 편이 기꺼이 되어주었다고 생각한다. 나의 편이 되어야 할 이유로 이 정도면 충분하지 않은가?

세상에 일방적인 관계는 없다. 그게 비록 부부일지라도 말이다. 어쨌든 각자 입장에서 최선을 다하며 그럭저럭 사이좋게 살고 있다. 그렇다고 모든 면이 다 좋은 건 아니다. 동갑인 우리 부부는 친구처럼 편하지만, 편한 사이다 보니 불편한 일도 생긴다. 남편이 내게 충고하거나 가르치려고 하면 괜히 거부감이 들 때가 있다. 같은 동갑이니 공감을 해주면 모를까 충고를 듣다 보면 왠지 모를 반감이 생긴다. 가끔 입바른 소리를 들으면 속으로 '그래. 너 잘났다', 말한다. 고지식한 면이 있어서 어떤 말은 잔소리처럼 느껴져 흘려듣게 된다.

그럼에도 불구하고 무슨 일이 생기면 늘 남편과 상의한다. 그렇게 확인을 받아야 내 마음이 편하다. 덜렁대는 내 성격으로 그동안 놓쳤던 일이 많았기에 남편은 항상 그런 내 빈틈을 메워주곤 한다. 꿈을 이루기 위해 가장 중요한 일은 가족의 이해와 배려다. 가족이 도와주지 않으면 끝까지 버티기가 힘들어진다.

예전에 공인중개사 할 때 알게 된 어떤 분의 이야기가 생각난다. 그분의 부인은 목공일을 무척 좋아했다. 주말 부부로 살 때 일주일에 한 번 그 집에 가면, 가구들이 옮겨져 있고 못 보던 가구들이 놓여 있곤 했다. 모두 부인이 만든 것이었다. 부인은 홈 인테리어 일을 하고 싶어 했다. 그러나 남편은 안정적으로 자리 잡기 힘들다는 이유로 여자가 하기에 안정적이고 보기에도 괜찮아 보이는 공인중개사 일을 하라고 했다. 그 부인은 별 관심도 없는 자격증을 따기 위해 몇 년째 도전하고 있지만 계속 고배만 마신다고 했다.

내 주위에 그 부인과 같은 사람들이 꽤 있다. 미래에 혹시 필요할지 몰라서 그냥 준비해놓으려고 자격증 공부를 하는 것이다. 그래서 자격증은 땄는데 장롱면허처럼 그냥 집안에서 썩힌다. 운전면허증을 따고 바로 운전하지 않으면 겁이 생겨 운전대를 쉽게 잡지 못하듯 공인중개사도 마찬가지다. 자격증을 취득하고 일을 바로 시작하지 않으면 나중에는 도전하기 힘들어진다. 언젠가 필요할 때를 위해 따는 자격증은 대부분 장롱면허로 썩을 가능성이 크다. 차라리 그 부인은 자신의 남편을 설득해서 자신이 좋아하는 분야로 갈 수 있는 길을 찾는 게 더 낫지 않았을까.

세계적인 아이돌 가수로 우뚝 선 방탄소년단의 멤버 중 한 명은 데뷔하기까지 부모의 심한 반대에 부딪혔다고 한다. 특히 교직에 몸담고 있었던 아버지의 반대가 컸다고 한다. 그러나 그 멤버는 자신의 꿈을 위해 부모를 설득했고, 또 열심히 노력했다고 한다. 그렇게 자신이 좋아하는 분야로 간 결과 커다란 열매를 맺게 되었다.

물론 모두가 방탄소년단의 해당 멤버처럼 자신의 길을 간다고 해서 다 성공하는 것은 아닐 것이다. 공인중개사 자격증 공부를 억지로 하는 그 부인도 홈 인테리어에 도전했다가 실패할지도 모른다. 그러나 비록 성공을 거머쥐지 못한다 해도 적어도 후회는 없지 않을까? 자신이 원하는 바를 원 없이 했다는 것 자체에서 행복을 맛볼 수 있지 않을까?

나는 내가 원하는 일에 있어서는 고집을 부린다. 해보고 싶은 일이 있으면 반드시 해봐야 직성이 풀린다. 남편도 그걸 알기 때문에 특별한 경우 외에는 나에게 해보라고 한다. 철부지 아내처럼 행동하는 이런 내가 가끔은 한심해 보이기도 하겠지만. 어쨌든 나는 하고, 하고 나서 후회하지 않는다. 그리고 그렇게 여러 가지 일을 시도해봤기에 결국 꿈을 찾게 되지 않았던가.

우리 인생은 길다면 길고 짧다면 짧다. 남의 기준에 맞춰 반평생을 살아왔다면 이제는 자신이 진짜 원하는 일을 하며 살아보는 건 어떨까. 가족들의 동의를 얻고 더 나아가 지원까지 받는다면 더할 나위 없이 즐겁게 할 수 있지 않겠는가.

나는 요즘 남편에게 말한다.

"이제 밥은 알아서 먹어. 나는 하고 싶은 게 많으니까."

내가 이렇게 말할 수 있는 근거가 있다.

근거1

나에겐 꿈이 생겼다.

나는 나의 꿈을 반드시 이룰 거고, 꿈을 이루고 나면 나뿐 아니라 모든 가족이 더 행복해질 거다. 그래서 글을 쓰고, 하고 싶은 걸 하기 위해 시간을 투여하고, 나 자신이 바로 서기 위해 노력하는 이 시간들에 대해 가족에게 응원을 요청했다. 전처럼 밥을 꼬박꼬박 못 챙겨도 지금껏 내가 해온 게 있으니 이젠 나를 밀어줄 차례라고 생각한다. 그리고 이 시간들이 나중에 우리 모두를 행복하게 해줄 거라 믿어 의심치 않는다.

근거2

내가 꿈을 이루고 나면 이제 다른 가족들의 꿈을 밀어줄 거다.

우리 모두는 하고 싶은 걸 하고 살 권리가 있다. 가족 구성원 각자도 그런 권리를 갖는다. 나는 가족들을 사랑하기 때문에 그 꿈을 응원해 줄 마음이 있다. 남편도 자식도 하고 싶은 걸 할 수 있도록 죽을 때까지 응원할 것이다. 하지만 지금은 일단 나부터.

"그러니 가족 여러분, 이제 밥은 좀 알아서 드세요!"

남편의 돈은
내 인생의 마중물

"그놈의 돕는다 소리 좀 그만할 수 없어? 살림도 돕겠다. 애 키우
는 것도 돕겠다. 내가 일하는 것도 돕겠다. 이 집 오빠 집 아냐? 오
빠 살림 아니야? 애는 오빠 애 아니야? 그리고 내가 일하면, 그 돈
은 나만 써? 왜 남의 일에 선심 쓰는 것처럼 그렇게 말해?"

- 《82년생 김지영》 중에서

드라마나 소설에서만 그러는 게 아니라 내 주변에서 가정주부로
사는 여성들은 돈을 쓸 때 눈치를 보며 쓰는 경우가 대부분이다. 일
하는 여성 중에도 자신의 옷 하나 살 때조차 남편의 눈치를 보는 사
람이 있으니 말 다했지 않은가. 남편 혼자 벌게 되면 더 그렇다. 자신
에게 필요한 물건을 사려고 하면 눈치가 보여서 눈앞에 보이는 남편
과 아이들 물건을 기어이 사고야 만다. 드라마를 보면 남편과 자식

만 챙기고 자신의 옷 한 벌 사지 못해 초라한 행색을 한 아내가 나온다. 밖에서 이런 아내 또는 엄마와 마주치면 대부분의 남편과 자식이 창피해서 피하는 장면을 볼 수 있다. 가족을 위해서 아무리 희생해도 초라한 '나'를 가족들이 창피해서 외면한다면 얼마나 화가 나고 기가 막히겠는가.

나 또한 마트에 가면 내 물건보다 남편이나 아이들 물건을 살 때가 많다. 하지만 내게 옷이나 신발이 필요하면 그냥 산다. 신혼 때부터 그렇게 생활하다 보니 당연한 일이 되었다. 남편이 돈을 벌어 와도 '남편 돈'이 아니라 '우리 돈'을 쓰는 거라고 생각했다. 괜히 눈치 보며 쓸 돈도 못쓰면 오히려 나만 손해라고 생각했다.

작가의 꿈을 꾸며 4년간 고군분투하던 어느 날, 이대로는 안 되겠다고 생각했다. 차라리 전문가의 도움을 받고 빨리 책을 내는 것이 좋겠다고 판단했다. 여기저기 책 쓰기 수업과 수업료를 알아보았다. 어떤 곳은 천만 원이 넘는 곳도 있었고, 또 어떤 곳은 과정 하나하나에 코칭료를 받기 때문에 책 한 권을 쓰려면 수천만 원이 들 것 같았다. 수업료가 이렇게 비싸다니, 고민에 빠졌다. 여기저기 알아보다가 우연히 출판기획 에이전시에서 하는 책 쓰기 수업을 알게 되었다. 책을 기획하는 회사는 출판에 관해서는 더 전문성이 있을 것도 같았고, 1일 특강을 통해 기획사 대표의 진정성 있는 모습을 보고 이곳에서 수업받기로 마음먹었다.

문제는 돈이었다. 남편에게 몇 백이라는 적지 않은 돈을 어떻게 말해야 하는가. 비상금이라도 있었다면 좋았겠지만 안타깝게도 내게 그런 돈은 없었다. 머릿속으로 이런저런 시나리오를 짜고 여러 가지 경우의 수를 따져 보며 때를 기다렸다. 어느 날 저녁 식사를 끝내고 남편 기분이 적당히 좋아 보일 때 나는 조심스럽게 말을 꺼냈다.

"자기도 알다시피 내가 4년간 누구보다 정말 열심히 책 쓰려고 노력했잖아. 근데 요즘 내가 너무 지쳐가는 것 같아. 전문가 코칭이 필요해."

그러자 눈치 빠른 남편이 또 어디서 사기꾼 말을 듣고 그러느냐며 나를 나무랐다.

"자기 또 그 버릇 도졌네. 내가 몇 년이 걸리든 천천히 가라고 했잖아. 급하게 마음먹으면 될 일도 안 돼. 사기꾼들에게 쉽게 당하는 사람들이 자기처럼 마음이 급해 있는 사람들이야."

우리 남편은 말을 아주 잘한다. 책은 내가 더 많이 읽었는데, 말은 남편이 더 잘한다. 도저히 말로는 남편을 설득할 자신이 서지 않아 나는 마지막으로 한마디 던졌다.

"그럼 결혼 20주년 기념으로 500만 원만 줘. 이제껏 우리 결혼해서 해외여행 보내준다, 보석 사준다 해놓고 안 해줬으니까, 그냥 현금으로 줘!"

이 말을 하면 통할 줄 알았는데 생각보다 남편은 그리 호락호락하지 않았다. 웬 사기꾼한테 갖다 바치는 것으로 알고 있는 것 같았다. 이도 저도 안 통할 때 내가 히든카드로 사용하는 방법, 바로 '삐지기'

작전으로 나갔다. 그 순간부터 나는 무표정으로 묻는 말에 대답도 안 하고 뚱한 표정으로 대했다. 그렇게 하루가 지나고 다음 날 저녁, 남편이 나를 불렀다. 그리고 말했다.

"내가 오늘 하루 종일 일하며 생각해봤어. 나는 여전히 그 사람들을 사기꾼이라 생각하지만 그냥 돈 줄게. 자기가 그렇게 하고 싶어 하니까. 다만 한 가지 약속해. 사실 나는 그 돈 없어도 그만이야. 물론 돈은 아깝지만. 근데 그 돈 투자하고 생각대로 책도 못 쓰고 그냥 돈만 날리게 돼도 절대 자기 꿈 포기하지 마. 내가 걱정하는 것은 돈을 날리는 게 아니라 자기가 의기소침해져서 꿈을 포기하는 거니까."

20년간 살아오면서 가장 듬직하고 멋진 모습이었다. 남편의 멋진 한마디에 고분고분하게 알았다고 대답했다. 사실 우리에겐 빚이 있다. 수강료 500만 원은 그 빚을 갚기 위해 남편이 열심히 모은 피 같은 돈이란 걸 나는 잘 알고 있었다. 남편은 그 귀한 돈을 아내의 꿈을 위해 양보한 것이다. 미안한 마음 반, 고마운 마음 반으로 열심히 해서 절대 실망시키지 않겠노라고 남편에게 말했다.

내가 사실 못 말리는 철부지 같은 고집불통이다. 한번 해야겠다고 마음이 들면 어떻게든 해봐야 직성이 풀린다. 그런 내 성격을 알기에 남편은 일부러 져주었을 것이다. 두고두고 이 일로 인해 원망을 듣게 될 수도 있다는 생각을, 교육을 받고 혹시 좋은 결과가 나올 수도 있다는 생각을 동시에 했을 것이다.

"쉽지 않은 결정을 해줘서 고마워. 열심히 할게."

내가 무표정한 얼굴과 뚱한 태도를 풀자 남편은 500만 원 생각이 나서 아까워 죽겠다며 너스레를 떨었다.

"어이구! 내 피 같은 500만 원……."

그런 남편에게 10년 넘게 재산세만 내고 팔지 못하는 땅으로 선심을 썼다.

"내 땅 팔리면 자기한테 돈 다 줄게. 자기 다 가져!"

그리고 덧붙였다.

"내가 책 써서 성공하면 내가 번 돈 생활비만 빼고 자기가 다 관리해. 다 써도 돼. 모든 자금관리는 자기가 해. 기분이다! 됐지?"

'마중물'이라는 말이 있다. 더 많은 물을 얻기 위해 펌프에 붓는 약간의 물을 말한다. 남편이 선물한 이 교육비는 내 인생 내 꿈의 마중물이었다. 물론 책 한 권을 쓴다고 내 인생이 크게 변하지는 않을 터였다. 그러나 그 시작이 나의 인생에 조금씩 변화를 가져올 것은 분명했다. 내 꿈을 실현해가는 과정에서 얻게 될 이득이 많을 것이다. 물질적인 것 또한 노후에 포기하지 못하는 일이지만, 평생 내가 얻을 자긍심과 뿌듯함은 더없는 풍요로움을 주리라 생각한다.

아들에게
'중2병'이 없었던 이유

결혼하고 남편은 한 가지 규칙을 만들었다. 가족들이 밖에 나갈 때와 잠자리에 들 때 안고 뽀뽀하는 것이다. 신혼 때부터 했던 이 규칙은 아이가 생기고 나서도 계속 이어져 이제 우리 가족 문화가 되었다. 아들이 지금 고등학교 2학년인데 지금도 계속한다. 그 나이에도 여전히 하는 것은 어릴 때부터 해온 자연스러운 일상이기 때문이다. 심지어 아들 기숙사에 데려다줄 때에도 기숙사 앞에서 안아주고 뽀뽀해준다.

두산그룹 박용만 회장도 우리 집처럼 아침에 출근할 때 서른 살 먹은 아들에게 뽀뽀하고 안아주며 인사하는 것을 TV에서 본 적이 있다. 다른 어떤 것보다 남편이 이런 문화를 만든 건 아주 잘한 일이라고 생각한다. 아무리 얼굴 붉힌 일이 있어도 안고 뽀뽀하다 보면 감정이 많이 풀리는 걸 알 수 있다. 우리 아이들은 사춘기 때 예민하기는 했어도 크게 반항하거나 어긋난 적이 거의 없었는데, 그 배경에는 바로 이 안아주고 뽀뽀하는 문화가 있었다고 나는 생각한다. 아이들이 집에서 그렇게 크다 보니 친정에 가면 할머니를 자연스럽게 안고 뽀뽀한다. 놀다가 집에 갈 때가 되어 "할머니한테 인사드려라" 하면 아이들은 할머니를 안고 뽀뽀해드린다. 그런 손주가 없었기 때문인지 할머니는 무척 좋아하신다.

사실 우리 부부도 아이들에게 잔소리를 하고 화도 낸다. 여느 집과 별반 다르지 않고, 공부 때문에 트러블도 있다. 또한 나는 다정다감한 성격이 아니라 무뚝뚝한 엄마다. 그래서 더 이런 가족 문화가 힘을 발휘하는지도 모르겠다. 그저 자연스럽게 안아주고 뽀뽀하는 행동은 그 어떤 말보다 사랑을 강력하게 전달한다는 것을 느낀다.

아들이 어릴 때 네 살 어린 동생을 아빠 엄마가 예뻐하고 관심을 주면 가만히 쳐다만 보고 있었다. 자신도 안아줬으면 하는 눈빛으로 바라보던 것이 눈에 선하다. 사랑을 독차지하던 아들이었는데, 여동생이 태어나고 아빠의 관심이 다른 형제에게 쏠리니 얼마나 속이 상했겠는가. 아들은 속이 깊은 애라 내색은 하지 않고 눈치만 보곤 했다. 동생을 안아주면 자신도 안아달라고 떼를 써도 되는 나이인데 꾹 참고 기다렸다. 아빠 엄마가 자신을 안아줄 때까지. 아들이 초등학교 다닐 때까지는 가족 모두 큰 방에서 잤는데, 잘잘 때 아들은 항상 내 손을 잡고 잤다. 그런 식으로라도 엄마의 사랑을 느끼고 싶었나 보다.

우리 가족은 대화를 많이 하는 편이다. 그런데 아들이 중학교에 올라가고 나서는 갑자기 말수가 줄었다. 예민해져서 반항하는 또래 아이들에 비하면 조용하게 사춘기를 잘 보내는 편이지만 항상 밝고 낙천적인 애교쟁이 아들이 말수가 없어지니 집안 분위기가 가라앉았다. 다행히 고등학교에 들어가서 다시 예전의 밝은 아들로 돌아와 기쁘다. 커갈수록 이런저런 스트레스로 인해 더욱 자신의 세계 안으로 들어가겠지만, 나는 그다지 큰 걱정은 하지 않는다. 많은 사랑을 받았고, 서로의 체온을 느끼며 살아왔기 때문에 언젠가는 다시 돌아올 거라 믿기 때문이다. 사실 나는 사춘기를 너무도 힘겹고 지독하게 겪었기 때문에 우리 애들도 그러지 않을까 내심 걱정했다.

남편은 예전부터 말해 왔다.

"우리 집에 사춘기는 없다. 사춘기여서 예민하니까, 부모가 눈치 보고 하는 것은 절대 용납 못 한다."

그렇게 말은 했어도 남편은 아이들이 지나치게 예민해져 있으면 조심하는 것 같다. 남편은 자주 이야기한다.

"나중에 나이 먹어서 자식이 잘돼야 더 큰소리치는 거야. 부모만 잘되고 애들이 오토바이(?) 타면 꽝이야!"

그럴 것도 같다. 주변에 나이 드신 어른들을 보면 자식들 자랑하는 재미에 염치고 뭐고 생각하지 않는 걸 보면 말이다. 그나마 아들에게 고마운 건 바르게 잘 자라줘서 엄마가 꿈에 집중할 수 있다는 것이다. 집안에 문제가 생기면 꿈이고 뭐고 어떻게 집중할 수 있겠는가. 언젠가 아들이 공부를 열심히 하지 않아 속상해 하는 나에게 막

내 시누이가 한마디했다.

"대화만 통해도 소통이 되는 거야. 그나마 다행으로 알아야 해. 에
휴!"

철없이 노는 것에 열심이지만 그래도 아빠 엄마와 눈 마주치며 대
화하는 것만으로도 감사해야 할 것 같다. 전생에 나라를 구했으면 자
식들이 알아서 공부를 잘했을 테지만, 그러지 않았나 보다.

에휴! 대화만 돼도 감사하다고 마음을 먹다가도 공부는 뒷전이고
휴대폰만 보고 있는 아들을 보면 또 천불이 난다. 나도 어쩔 수 없는
보통 엄마인가 보다.

내가 예뻐지고 있는 이유

      왕년의 영화배우 소피아 로렌은 미녀 배우의 대명사이다. 그런 소피아 로렌이 어린 시절에는 외모 콤플렉스를 겪었다고 한다. 그녀는 주변에서 못생겼다는 소리를 듣고 거울을 보기 싫어했다고 한다. 하지만 끝내는 외모 콤플렉스에 굴복하지 않고 당당히 이겨냈다. 그녀는 그 보기 싫은 거울을 피하지 않고 꿋꿋이 들여다보며 "나는 예쁘고 매력적이야"라는 말을 되풀이했다. 그것이 소피아 로렌이 외모 콤플렉스를 극복한 방법이었다.

      나는 예쁘지 않다. 어릴 때 가장 부러운 사람이 가냘픈 몸에 예쁘장한 외모를 가진 여자였다. 이런 여자들에 비해 나는 작지 않은 키에 덩치도 큰 편이었다. 외모 콤플렉스에까지 빠지지는 않았지만, 예쁜 외모를 선망하기는 했다. 그런 나는 어린 시절의 소피아 로렌처럼 어린 나에게 종종 주문을 걸었다. "나는 꽤 괜찮고 매력적인 사람이야"라고. 내 자신을 방어하기 위한 처사였는지 모르지만, 그렇게 세

뇌가 되어서인지 결혼 전까지 외모에 대한 고민은 그다지 하지 않았다. 외모만 놓고 보면, 소피아 로렌과 비슷하면서도 달랐던 성장기를 보낸 셈이다.

그런데 결혼 후 아이를 낳고 서서히 현실을 깨닫기 시작했다. 성인으로서, 나와 소피아 로렌은 완전히 달랐다. 아들을 낳고 보니 어쩜 나와 똑같이 생겼나 싶었다. 애를 보며 속으로 생각했다.

'눈이랑 코는 아빠 좀 닮지.'

평소에는 몰랐지만 나 또한 외모에 대해서 고민하고 있었구나 생각이 들었다(커 가면서 이목구비는 아빠를 닮아간다. 다행이다). 게다가 시댁식구들이 했던 말 한마디에 상처받기도 했다. 언젠가 시댁 어른이 그랬다.

"딸이 아빠 닮으면 참 예쁠 텐데."

'나 닮으면 안 이쁘고 아빠 닮으면 이쁘다는 소리야?'

속상했다.

'내가 그렇게 안 예쁜가?'

의기소침해졌다.

이런 대우(?)를 받자 나는 더욱 긴장하며 외적인 부분에 신경 쓰며 살았다. 동갑이면서도 동안인 남편 때문에 내가 신경 쓰지 않으면 더 나이 먹게 보일 수 있겠구나 싶었다. 세끼 식사는 꼬박꼬박했지만, 저녁 식사 후에는 더 이상 먹지 않기 위해 바로 양치를 했다. 이를 닦으면 간식을 먹지 않게 되는 효과는 있었다. 처음부터 그 효과를 보왔던 것은 아니다. 하지만 그렇게 습관이 되다 보니, 이를 닦으면 뇌가 자연스럽게 더 이상 먹지 않겠다는 신호로 받아들이는 것 같았다. 지금도 나는 우리 식구들이 간식을 먹어도 되도록 먹지 않는다. 조금만 방심해도 나잇살이 찌기 때문이다.

이렇게 외적인 부분에 신경을 쓰던 나는 나이가 들어가면서 점점 사람들의 인상이 눈에 들어오기 시작했다. 아무리 젊을 때 예뻤던 사람도 나이가 들어 다시 보면 인상이 완전히 달라진 것을 볼 수 있다. 삶을 어떻게 사느냐에 따라 곱게 늙어가는 사람이 있는 반면 그렇지 않은 사람도 있다.

언젠가 동네 마트에서 소름이 돋게 깜짝 놀란 일이 있었다. 남편이 알던 사람을 몇 년 만에 우연히 만났다. 우리 부부와 같은 날에 결혼을 했고 신혼여행지에서도 마주했던 사람이었다. 몇 년 만에 만난 그 사람은 살이 몰라볼 정도로 빠졌고 인상이 무섭게 변해 있었다. 소름이 끼쳤던 것은 눈빛이 퀭하니 꼭 죽은 사람처럼 보였기 때문이다. 도대체 무슨 일이 있었기에 몇 년 사이에 저렇게 사람이 달라졌나 싶었다.

요즘은 억지로 꾸미는 사람보다 자연스럽게 늙어가는 사람에게서 삶의 여유와 진짜 아름다움을 느낀다. 길을 걷다 보면 뒷모습이 영락없는 늘씬한 이십대 아가씨다. 잘빠진 몸매에 긴 생머리를 치렁치렁 늘이고 짧은 스커트를 입고 가는 모습에 시선이 자꾸 간다. 그런데 뒤를 돌아보는 순간 온몸에 소름이 쫙 돋는다. 얼굴은 주름이 쭈글쭈

글한 할머니이기 때문이다. 그렇다고 나이 들어서는 멋을 부리지 말라는 소리는 아니다. 다만 나이에 맞게 멋을 부리는 것이 오히려 더 멋져 보인다는 말이다. 자신의 나이를 인정하지 않고 억지로 꾸민 사람은 오히려 더 추하게 보일 뿐이다. 신혼 초에 잠깐 다녔던 독서모임의 모임회장님은 예순이 넘은 나이에 흰머리 단발을 하고 다니셨는데, 그분을 보면 이십대인 내가 봐도 지적이고 멋지게 보였다. 나도 나이 들면 저렇게 멋지게 되고 싶다는 생각을 했었다.

미인이 아니어도 충분히 '미인'이 될 수 있다. 미인 아닌 사람이 미인일 수 있는 아름다움의 정체가 무엇이냐고 묻는다면, 자존감과 자신감일 것이다. 나는 능력이 있고, 자신이 있으며, 고귀하다고 믿고 갈고 닦은 노력과 의지와 끈기를 내보여라. 그러다 보면 결코 미인이 아닌데도 신비하게도 당신을 아름답게 느끼는 사람이 점점 많아질 것이다.

흔히 하는 말로, 열흘 붉은 꽃이 없다고 한다. 떠도는 말로, 오십대가 되면 미모의 평준화가 이루어진다고 한다. 그러나 지금 미모가 달린다고 걱정하느라 시간과 노력을 허비할 필요가 없다. 어차피 쉰 살이 넘으면 주변의 내로라하는 미인들과 어깨를 나란히 할 수 있나니. 그저 인내심을 가지고 하고 싶은 일을 하면서 열심히 살아가면 그걸로 충분하다. 그때가 되면 끈기를 가지고 자기 것을 쌓아 올린 당신이 한 급 위 미인일 게 분명하니까.

-《어떤 삶을 살든, 여자가 절대 포기하지 말아야 할 것들》, 박금선, 갤리온

박금선 작가의 글을 보니 용기가 생긴다. 오십이 넘으면 미모가 평준화가 되고 미인들과 어깨를 나란히 할 수 있다고 하니, 이제 외모보다는 지식과 지혜를 겸비한 멋진 여성이 되기 위해 내면을 가꿔야겠다.

우리 딸은 이 세상에서 엄마가 가장 예쁘다고 생각하는 '엄마바라기' 딸이다. 예쁜 여자 연예인이 나와도 우리 엄마가 더 예쁘다고 진지하게 말해 나를 민망하게 할 때가 많다. 그냥 기분 맞추려고 하는 말인가 싶어서 딸의 얼굴을 보면 나름 진지하다. 남편에게도 못 듣는 말을 우리 딸에게 원 없이 듣고 산다. 나를 최고로 예쁜 엄마로 아는 딸은 내가 작가가 된다고 했을 때 자랑스럽게 알리고 다녔다. 학교 선생님, 학원 선생님, 친구 엄마에게도 우리 엄마는 책을 쓰고 있다고 자랑스럽게 말한다고 했다. 그런 딸에게 부끄럽지 않은 엄마가 되기 위해 나는 더욱 열심히 글을 쓴다. 작가의 길을 선택하고 열심히 노력하는 나를 보며 남편도 주위 사람들에게 은근히 자랑스럽게 내 이야기를 했다. 우리 마누라가 우리 동에서 책은 제일 많이 읽었을 거라는 둥, 새벽에 일어나 매일 글을 쓰는 것을 보고 놀랐다는 둥 하면서 옆에서 듣고 있는 나를 낯간지럽게 만든다. 그러면서도 다행이다 싶었다. 아내로서 엄마로서 부끄럽지 않은 사람이라는 게.

우리 딸이 엄마를 연예인보다 더 예쁘게 봐 주고, 남편이 나를 멋

지다고 해주는 것은 단순히 외모 때문이 아니다. 내 꿈을 찾아 열심히 사는 모습을 보며 그런 생각을 했으리라. 외모만 가꾸고 집착하는 모습을 보였더라면 그런 생각을 하지 않았을 것이다. 어차피 외모는 바꿀 수 없다(이 나이에 결혼도 했으니 성형 수술할 필요도 없고 이젠 포기했다). 외모 대신 지적인 분위기를 풍기는, 멋진 내가 되려고 노력해야겠다.

언젠가 돋보기를 쓰고 책을 보다가 문득 거울을 보았다.

'오! 괜찮아 보이네.'

스스로 만족하며 남편을 불러 물었다.

"어때? 나 이제 지적으로 보여?"

"음……. 점점 돋보기가 잘 어울리네. 훨씬 나아졌어."

끝까지 예쁘다는 소리는 안 한다. 하지만 나는 괜찮다고 세뇌한다. 그리고 내가 스스로를 예쁘다고 계속 믿으니 점점 예쁘게 변해가는 것만 같다. 소피아 로렌이 미녀 배우 대명사가 되었듯이 언젠가 나는 미녀 주부 작가의 대명사가 되지 않을까?

교육을 위해
진짜 엄마를 보여주려 해

남편과 나는 결혼해서 싸운 적이 없었다. 애들이 태어나고 교육 문제가 나오기 전까지는. 물론 사소한 감정 충돌은 가끔 있었지만 싸움이라 표현할 만한 일은 없었다. 그런데 아이들이 커가면서 조금씩 우리 부부의 생각 차이가 나타나기 시작했다. 남편과 나는 정반대의 성격이라 서로의 다름을 이미 인지하고 있었고, 인정하고 있었다. 감정 문제에서도 그랬다. 예를 들면 어떤 일로 화가 났을 때 계속 이야기하면 서로 충돌만 생기고 감정적인 대응밖에 되지 않으니 잠시 기다려준다. 시간이 지나 흥분이 가라앉은 다음 다시 대화를 시도해서 문제를 풀어나갔다. 하지만 애들 교육 문제만큼은 그렇게 되지 않았다.

남편은 강제로라도 공부를 시켜야 한다는 주의였고 나는 그런 방식이 싫었다. 특히 공부는 억지로 해서 되는 게 아니라고 생각했다. 물론 아이들이 어릴 때는 강제적으로라도 공부 습관을 들여야 나중에 커서 스스로 할 수 있게 된다는 남편의 말도 일리는 있다. 다만 어릴 때부터 싫은 일을 강제하거나 잔소리 듣는 것을 끔찍이도 싫어했던 나였기에 강제적 방식으로 애들을 교육한다는 게 싫었을 뿐이다.

나 또한 교육에 관심이 많다. 임신하고 육아 관련 책을 수십 권 읽으며 좋은 엄마가 되기 위해 나름 노력했다. 큰애를 임신했을 때는 대학교 다닐 때라 대학공부는 태교 아닌 태교가 되었다. 둘째를 임신했을 때는 일부러 태교를 염두에 두고 컴퓨터 관련 자격증을 공부했다. 아이들이 어릴 때 글쓰기를 시켰고, 함께 도서관을 다니며 책에 관심을 가지도록 노력했다. 어릴 때 시킨 글쓰기는 참으로 좋은 교육 같았다. 아이들이 커가면서 글을 쓰는 기회가 생길 때 그 효과가 나타났다. 큰애는 고등학교 1학년 때 백일장에서 시 부문 은상을 탔고, 작은아이는 초등학교 때 창의적인 글이나 시를 써서 선생님을 감탄시켰다. 그러나 우리나라 교육은 성적으로 판단되기 때문에 공부를 무시하지는 못한다.

아빠의 기대와 달리 공부에 큰 욕심을 부리지 않는 아이들에게 남편은 공부의 중요성을 귀가 닳도록 이야기했다. 자기 자식 가르치는 일이 얼마나 힘든 일인지 경험해본 사람은 알 것이다. 공부를 시킬 때 잘 따라주면 좋지만 싫다고 하면 그걸 잘 타이르거나, 타이르기가 통하지 않으면 회초리를 들어야 한다. 문제는 내가 그걸 못한다는 거다. 애들이 싫다고 몇 번 도리질하면 "싫으면 하지 마!" 하며 화를 내기 일쑤였다. 잘 타이르지도, 따끔하게 회초리를 들지도 못했다. 스트레스받아 도저히 못 하겠다고 하면서 내가 먼저 뻗어버렸다. 그래서 수십 번을 남편과 싸웠다.

남편은 자식 교육을 잘 시킨 엄마들의 사례를 자주 들면서 엄마는 독해야 한다고 염장을 질렀다. 듣다듣다 못해 소리를 빽 질렀다.

"그럼 그 여자랑 살든가. 나는 그렇게 못하니까 당신이 가르쳐봐. 생각대로 되는지 해보라고!"

그러자 남편이 날 가르쳤다.

"엄마가 엄하게 훈육하면 애들이 삐뚤어지지 않지만 아빠가 엄하면 아이들이 삐뚤어져."

그렇게 남편은 아이들 교육을 나에게 떠넘겼다. 애들 교육과 관련된 싸움은 지금도 여전히 진행 중이다. 꿈을 찾은 나는 그 어느 때보다 부지런히 공부하고 글을 쓰고 있는데, 그런 나를 보며 남편은 말한다.

"부모가 잘되는 것보다 애들이 잘되는 것이 나이 들어서는 더 뿌듯하고 좋은 거야. 형님 식당에 오는 손님 중에 한 사람은 100억대 부자이고, 한 명은 검사 아들을 둔 사람이 있어. 밥값 내는 사람은 100억대 부자인데, 큰소리치는 사람은 검사 아들을 둔 사람이야."

그게 현실이라고 했다. 그게 현실이라고 해도 억지로 안 되는 것을 어떻게 한단 말인가. 아들을 검사로 만들고 싶어도 아들이 법 공부에 관심이 조금도 없다면, 부모의 꿈은 한낱 일장춘몽이 되지 않겠는가. 비록 남편 맘에 들게 못 가르치더라도 엄마가 꿈을 이루기 위해 열심히 노력하는 모습을 보여주는 게 아이들에게는 더 좋은 교육이 아닐까 생각한다.

아니, 나 자신을 그렇게 합리화한다. 모르겠다. 자식은 부모 맘대로 되는 게 아니라는 것을 예전부터 느끼긴 했다. 흔히 엄마가 집에서 책을 읽으면 자식들이 그걸 보고 따라 한다고들 하는데, 우리 집은 예외였다. 엄마가 드라마 대신 책을 읽고 있는데도 우리 애들은 TV를 보거나 휴대폰을 가지고 논다. 나도 처음에는 시간을 정해 책을 읽게 했고, 한때는 거실에서 TV를 없애기도 했다. 6개월을 그렇게 TV 없이 살았다. 그러나 결국 남편과 애들 성화에 못 이겨 다시 들여놓았다. 그렇게 세상엔 예외도 있다는 걸 실감하고 있다.

아들이 중학생이 되고 나서부터는 고분고분 말을 듣지 않았다. 초등학교 때는 시키는 대로 책도 읽고 글도 쓰고 했었는데 점점 자신의 의견을 말하며 빠져나갔다. 그걸 본 남편이 나에게 얼마나 원망의 말을 했는지 모른다.

"그것 봐. 내가 진작 억지로라도 시키라고 했잖아. 이제 말도 듣지 않고 고집만 세져서 글렀어."

한번은 내가 남편에게 물어본 적이 있다.

"자기는 왜 애들을 억지로라도 공부시키려고 해?"

그랬더니 남편이 말했다.

"나중에 애들이 성인돼서 자기 앞가림도 못하고 부모 밑에서 용돈 타 쓰며 평생을 그렇게 산다고 생각해봐. 난 그 꼴 못 봐."

결국 그런 거였다. 현실적인 말이긴 했지만 자식이 자기 앞가림도 못하는 그릇이 될 것을 걱정하는 거다. 물론 못 미더운 부분도 있지만 나는 우리 아이들이 야무지게 잘 커왔다고 생각한다. 공부는 상위권 우등생은 아니지만 나름대로 장점이 있는데, 모든 걸 성적으로만 판단하는 현실에 답답함을 느꼈다. 물론 남편이 꼭 그런 이유로 아이들을 공부시키는 게 아니란 걸 안다. 공부해야 할 때 하지 않으면 나중에 정작 자신이 하고 싶은 일이 아닌, 현실에 맞게 원하지 않던 삶을 살게 될 거라는 걱정 때문에 그런다는 걸 안다.

속상한 나머지 아이들을 불러 앉혀놓고 말했다.

"니들 커서 부모한테 기댈 생각하지 마라. 대학에 가면 등록금은 대줄 테지만 용돈 같은 것은 알아서 해결. 그리고 취직해서 먹고살아. 부모한테 손 벌릴 생각하지 말고."

남편은 각서까지 받으라고 했지만 그렇게까지 하지는 않았다. 나는 애들에게 하고 싶은 말을 계속 늘어놓았다.

"니들 자신이 뭘 하고 싶은지 지금부터라도 생각해보고 적어봐. 사회에 나갈 때 생각한다고 미루다가는 엄마처럼 이십대를 방황하며 살 수도 있어. 미리미리 자신이 뭘 좋아하고 잘할 수 있는지 수시로 생각해보고 적어봐."

그렇게 말하는데 옆에서 남편이 한마디 거들었다.

"그래도 공부가 제일 중요해. 공부해라."

아…… 내가 졌다!

아직도 나는 많이 부족한 엄마이다. 애들 교육에 대해 너무 빈틈이 많다. 하지만 이제 그런 생각을 한다. 내키지 않은 방식대로 키우는 것보다 애들에게 꿈을 이루기 위해 열심히 살아가는 엄마를 보여주는 게 진짜 산교육이 아닐까,라고. 교과서적인 말이라고 남편은 지적하겠지만, 나는 아이들이 직접 보고 느끼고 스스로 선택하는 삶을 살아가라고 말하고 싶다. 삶에는 정답이 없기 때문에 내가 누군가의 삶에 대해 이래라저래라 하는 것 자체가 넌센스라 생각한다. 그게 비록 우리 아이들의 삶일지라도 말이다. 이 글을 쓰고 보니, 남편의 한숨 소리가 들리는 듯하다.

이제는 말하고 싶다.

"엄마도 수많은 시행착오를 겪었지만 꿈을 찾아 치열하게 살고 있으니 너희들도 열심히 현재를 살아가. 그리고 정답은 너희들이 살아가며 찾는 거야."

불량주부 양성 계획

신혼 때 나는 뭐든 정석으로 하려고 했다. 조미료를 쓰지 않고 멸치 다시마 육수를 내어 국을 끓이고, 장롱에 옷을 정리할 때에도 각을 잡아 깔끔하게 정리했다. 신혼살림은 2층 주택에서 시작했다. 방 2개에 작은 거실, 부엌방이 전부여서 청소하는 데 시간이 얼마 걸리지 않아 매일 걸레로 바닥청소를 했다. 아이가 없었을 때는 한 번 정리해 놓으면 그 상태 그대로 유지되었다. 늘 있는 위치에 물건을 정리했다. 남편도 깔끔한 성격이다 보니 어질러지지 않았다. 짐이 많은 것을 싫어해서 딱 필요한 것 외에는 사지 않아 단출한 깔끔함이 있었다.

그렇게 둘이 살 때는 깔끔함이 유지되다가 아이가 생기자 차츰 변화가 생겼다. 늘어나는 아이 용품들과 아이가 놀다가 어질러놓은 물건들로 점점 집이 좁게 느껴졌다.

아들이 6개월 되었을 때 우리 집을 샀다. 집 전체를 수리했고, 몇 년은 그렇게 깨끗하게 살았다. 아들이 벽에 낙서를 하려고는 했지만 혼자 자랄 때는 그다지 부잡하게 놀지 않았다. 그런데 둘째인 딸이 태어나고 완전히 상황이 바뀌었다. 큰방을 시작으로 딸애는 그림을 그리기 시작했다. 동생이 낙서를 시작하자 눈치만 보던 큰애도 함께 그리기 시작했다.

아이를 키우는 사람들은 공감할 것이다. 첫애 때에는 관리가 되지만 둘째 때는 포기 상태가 된다는 것을. 아들 키울 때는 그렇게 깨끗하던 집이 작은애가 두세 살이 되던 해부터는 스케치북이 되어갔다. 온 집안이 그림 전시장이 되었다. 처음엔 못하게 하다가 나중에는 하고 싶은 대로 내버려 두었더니, 그림 연습을 벽에 하듯 신나게 그리기 시작했다.

큰애는 그림에 젬병이지만 둘째는 우리 집에서 가장 잘 그린다. 역시 맘껏 하고 싶은 대로 내버려 두면 창의적으로 되어가나 보다. 아이 사는 집이 너무 깔끔해도 인간미 없어 보인다며 집만 부수지 말라고 나중에는 신경도 쓰지 않았다. 살다 보니 그렇게 무뎌졌다. 무덤덤하게 사는 것도 스트레스를 덜 받으니 괜찮은 것 같았다.

아이가 태어났을 때는 아이에게 좋지 않은 인스턴트식품을 되도록 먹이지 않으려 했고, 간식도 직접 해서 먹였다. 맛은 덜할지라도 우리 가족 건강을 위해서 귀찮아도 직접 만들곤 했다.

그러다가 점점 육아에 지쳐가고 세월이 흐르니 자연스레 인스턴트식품을 찾게 되었다. 아이들이 학교에 입학하기 전까지는 식단 관리가 되지만 초등학교에 들어가고 나서는 통제가 힘들었다. 아이들은 몰래몰래 불량식품을 사먹곤 했다. 그나마 다른 집보다 인스턴트 식품을 덜 먹는 편이라 그런지 우리 애들은 지금까지 크게 병치레를 하지 않고 자랐다.

원래 요리하는 것을 좋아하지 않는 나는 요리할 때 스트레스에 시달린다. 저녁거리 걱정은 늘 하는 고민이다. 아이들이 "오늘 저녁 메뉴가 뭐야?" 하고 묻는 말이 가장 싫었다. 아이들은 그냥 하는 말인데도 나는 발끈하며 대꾸했다.

"그냥 해주는 대로 먹어. 엄마가 무슨 요리사도 아니고, 메뉴가 어 딨어? 그냥 김치에 먹어."

아이들은 단순한 호기심으로 묻는 것인데, 듣는 나는 그 말이 뭔가 특별한 음식을 해달라는 소리로 들린다. 한 알만 먹으면 배가 부르는 그런 알약이 빨리 나왔으면 하고 빌어본다. 제발!

글을 쓰게 되면서는 더 불량주부가 되어갔다. 다시마가 떨어지면 화학조미료를 조금씩 사용한다. 다시마로 아무리 내려고 해도 안 나던 맛이 조미료를 넣으면 완전히 달라진다. 갑자기 요리의 달인이 된다. 역시 요리의 최고봉은 조미료다.

이제는 더 이상 복잡하게 살지 않으려고 한다. 거실 바닥을 매일 닦지 않아도 괜찮다. 청소기로 한 번만 쓰윽 밀고 나면 청소 끝이다. 장롱 안도 지저분하지만 않게 정리한다. 옷가게도 아닌데 각을 잡고 정리할 필요가 뭐가 있단 말인가. 다만 내가 중요하게 생각하는 장소인 부엌과 화장실만큼은 조금 더 신경을 쓴다. 애들 방은 애들한테 치우라고 시키고 되도록 나는 관여하지 않으려 한다.

아이들이 어릴 때 양말을 자꾸 뒤집어 내놓아서 몹시 신경이 쓰였다. 남편은 몇 번 말하니까 고쳐졌는데, 아이들은 아무리 말해도 고쳐지지 않았다. 은근히 스트레스를 받았다. 안 되면 방법을 다르게 쓰면 된다. 나는 양말이 뒤집어진 상태로 애들에게 주었다. 그러면 자기들이 옳게 뒤집어서 신었다. 해결!

사람은 만능이 아니다. 고로 엄마도 만능이 아니다. 가정주부로 살다 보면 1인 몇 역을 해야 하는지 모른다. 요리사, 세탁사, 청소부, 선생님, 이발사(남편의 머리까지 이발해준다. 이제 서서히 미용실로 보내려고 한다) 등. 이 모든 것을 완벽하게 해낸다는 건 불가능하다. 가끔 나는 스트레스를 받거나 피곤할 때 집안일에 신경 쓰지 않고 오히려 더 어질러놓는다. 딸아이가 학교에 갔다 와서 집이 왜 이러느냐 물으면, 엄마가 오늘은 피곤하고 귀찮아서 그러니 이해해달라고 말한다. 그러면 착한 딸은 대신 치워주기도 한다.

몇 년 전 TV에서 연예인 ○○씨의 사는 모습이 나왔다. 이 사람은 집에 손님이 오면 쫓아다니면서 걸레로 닦고 다녔다. 아무리 깔끔한 사람이라고 해도 손님 뒤를 따라다니며 걸레로 닦다니, 보는 내내 불편했다. 내가 그 손님이라면 다시는 그 집에 가지 않을 것이다. 혹시 방송을 위해 설정한 상황인지도 모르겠지만, 그런 행동은 단연코 손님에 대한 예의가 아니다.

육아 책에서는 아이들이 놀 때 치우지 말고, 놀고 난 다음에 치우라고 한다. 아이가 놀다가 어지르는 것을 못 참고 쫓아다니며 치우다 보면 아이의 심리가 불안해진다고 한다. 어른도 마찬가지다. 불안까지는 아니겠지만, 불편을 느끼는 것에는 틀림이 없다.

우리 아들이 두세 살 정도 되었을 때다. 옷에 물이 조금만 묻어도 갈아입는다고 해서 "괜찮아. 조금 있으면 옷이 마를 거야" 했더니, 아들이 그 말을 배워 써먹었다. 옷이 지저분해서 진짜 옷을 갈아입어야 할 때 옷 갈아입자고 했더니, 아들이 "괜찮아. 조금 있으면 말라" 라고 대꾸한 것이다.

우리 친정엄마는 요즘 부모들은 너무 애들을 깨끗하게 키운다고 불만이 많다. 옛날에는 똥이 묻어도 그냥 내버려두고 키웠다고 하신다. 그건 옛날이고, 똥은 조금 그렇다. 물이면 몰라도.

어쨌든 가족들이 너무 깨끗한 환경에서 지내게 길들여(?) 놓으면 주부가 나중에는 더 힘들어진다. 적당히 깔끔하고 적당히 어질러져도 된다. 가끔은 불량주부가 되자. 가끔은 집안일을 불량하게 하고, 그 남은 시간에 우리가 하고자 하는 일에 좀 더 집중해 보는 건 어떨까?

그동안 우리 주부들 충분히 수고했다. 가족들의 뒤치다꺼리하느라 충분히 할 만큼 했다. 이제는 조금 불량해져도 된다. 가끔 불량하게 살아보는 것도 괜찮다. 그리고 그 시간을 좀 더 귀하게 써보자. 당신 자신을 위해서 말이다. 처음에 당신 가족들은 당신의 변화에 어색해하겠지만, 결국 스스로의 일을 알아서 해나갈 것이다. 차츰 가족들도 알게 될 것이다. 꿈을 좇는 것이 더 중요하다는 일을. 그리고 서로를 지지하고 응원하게 될 것이다.

Chapter 5

어제와 오늘과 내일이
조금씩은 다른 모습이기를

지금 나의 시계가
가리키는 시간

▬▬▬▬

결혼하기 1년 전, 남편은 도시 근교에 있는 누나 집에서 살았다. 남편은 가끔 그때를 회상하며 이야기하곤 했다.

"휴일에 집에 있으면 시간이 느리게 가는 느낌이었어. 시골 느낌도 나고, 마음이 여유로워져서 결혼하면 그곳에서 살고 싶어."

시골에 살았던 어린 시절 유난히 하루가 길게 느껴졌던 기억이 난다. 왜 시골에 살 때는 하루가 길게 느껴졌을까? 아마도 하루의 시간을 온전히 누리며 살았기 때문은 아니었을까? 도시에 살게 되면서 우리는 너무도 하루가 빠르게 지나감을 느낀다. 해야 할 일도 많고 바쁘다. 또한 '내'가 바쁘지 않더라도 대부분의 사람들이 바쁘게 살다 보니 그에 따라가지 않으면 뒤떨어질까 조급해져서 스스로를 바쁘게 만들기도 한다. 그래서 하루가, 시간이 더 빠르게 지나간다. 쏜살같이 지나가는 시간은 쫓기듯 사는 우리 자신들 같다.

"마음은 청춘인데"라는 말을 나이가 들어가면서 점점 실감하게 된다. 내 나이가 머지않아 쉰이 된다는 게 믿기지 않는다. 물론 연세 지긋한 어르신들 눈에는 아직 창창한 나이로 보이겠지만, 내게는 아득하게 보이기도 한다. 그래서 보편과 실존은 다른 것인가? 나의 실존은 내 나이가 마냥 청춘은 아니라고 말한다.

그렇다고 이제 꺾어진 나이라고 생각하고 주저앉으려는 것은 결코 아니다. 마냥 청춘이 아니니 더 부지런히, 뜨거운 청춘처럼 꿈을 향해 나아갈 작정이다. 이제 나는 내 시간을 내 꿈의 시계에 맞추려고 한다. 세상의 시계로는 난 지금 중년이고, 그래서 누군가는 꿈이나 꾸고 있을 나이가 아니라고 말할지 모르지만 내 마음속 나이는 여전히 한창 꿈을 꿀 나이다.

공인중개사 공부할 때 가장 열심히 공부하는 연령층은 중년이었다. 요즘은 취직이 어려워 공인중개사에 도전하는 연령층이 점점 낮아지고 있다. 내가 학원을 다녔을 때 학원생 중에 이십대가 꽤 많이 있었다. 하지만 공부하고자 하는 열정은 나이가 많을수록 높아지는 것 같았다. 더 절실하고 배움에 대한 열망이 크기에 그럴 것이다. 나 또한 공인중개사 공부할 때 즐겁게 공부했다. 처음엔 어렵고 힘들어서 절망감도 느꼈지만 학창시절로 돌아간 것 같은 기분이 들어 점차 배움 자체를 즐기고 있는 나를 발견했다. 예전보다 기억력은 떨어졌지만 인생을 살아온 경험들로 인해 이해력과 판단력은 더 빨라진 것 같았다.

《가장 뛰어난 중년의 뇌》를 지은 바버라 스트로치는 자신의 책에서 패턴 인지, 어휘, 귀납적 추리, 공간 감각에서 최고의 수행력을 보인 사람들은 중년이라고 말했다. 저자는 뇌 과학 연구 결과를 바탕으로 그동안 얼마나 중년의 뇌가 과소평가 되었는지를 주도면밀하게 보여준다. 중년의 뇌는 강력한 시스템을 만들어 복잡한 문제일지라도 쉽게 해결책을 찾아내고, 패턴을 잘 인식하기 때문에 중년은 그 어떤 연령보다 신속하게 상황을 파악한다고 말한다.

중년은 조건에 얽매이지 않고 자유롭게 '내' 꿈을 추구할 수 있는 나이다. 나는 그 '나이'를 즐기려 한다. 아이들은 이제 엄마의 손을 그다지 필요로 하지 않고 남편 또한 그렇다. 오직 나에게 오롯이 집중할 수 있는 나이인 것이다. '나이 때문에' 못하는 게 아니라 '나이 덕분에' 이제는 하고 싶은 일을 할 수 있다. 젊을 때처럼 대단한 인물이 되어야 한다는 부담감도 없고, 남이 보기에 그럴싸한 꿈을 갖지 않아도 된다. 이런저런 시행착오로 보낸 인생의 전반기가 지났으니, 나는 이제 후반기의 삶을 제대로 살아보고자 한다. 남들이 뭐라 하든지 신경 쓰지 않고 내 꿈을 기준으로 다시 시간을 맞춰 살고자 한다.

결혼 전에 그런 생각을 한 적 있다. 여자는 결혼하게 되면 한 개인의 삶을 접어야 하고 자신의 꿈도 포기해야 한다고. 결혼을 하고 보니 아니었다. 삶의 모습만 바뀌었을 뿐이었다. 인간은 나이가 몇 살이든, 결혼을 하든 안 하든 자신이 원하는 일에 대해 끊임없이 욕망하는 존재였다. 그러므로 결혼했다고 해서 가족 공동체의 삶만 살아야 하고 자신의 꿈을 포기해야 하는 것은 아니었다. 포기냐 시도냐의 여부는 어디까지나 선택의 문제였다.

매슬로우의 욕구 5단계설은 기본적 욕구에 관한 이론이다. 5단계에 위치한 자아실현의 욕구, 즉 '나'를 찾으려는 욕구는 인간의 기본적 욕구일 뿐이다. '나'를 찾으려는 욕구가 '기본적 욕구'라는 것을 뼈저리게 느낀 것은 결혼 후였다. 나의 결혼생활은 행복했다. 남편과의 관계도 원만했고, 아이 낳고 키우는 재미도 쏠쏠했다. 그렇게 여느 평범한 주부들의 삶을 살았고, 그 삶에 젖어갔다.

그런데 문득문득 나를 찾고 싶은 욕망이 생겼다. 이따금 내가 실제로 살아있는 게 아니라 꿈속에 살고 있다는 생각이 들곤 했다. 그 생각이 점점 자주 들었고, 그러면서 현실감이 떨어졌다. 현실이 생생하게 느껴지지 않았다. 허전해졌다. 꿈도 없이 그냥저냥 살고 있는 내가, 내가 아닌 것 같았다. 사람들은 그런 나를 보며 말했다.

"복에 겨워 그래."

"왜 쓸데없는 공상을 하고 그래?"

"뜬구름 잡는 소리하네."

언젠가 혼자 뒷산을 오르다가 불쑥 이런 생각이 들었다.

'나보고 뜬구름을 잡는다고 흉을 보는 사람은 그런 뜬구름조차 보지 못하는 사람이다. 뜬구름도 자꾸 잡으려고 하면 진짜 구름이 되어 비가 되어 내릴 수도, 눈이 되어 내릴 수도 있다.'

어떤 이가 말도 안 되는 허황된 생각으로 가득 차 있다고 해도 부정적인 말을 하며 무시하지 말아야 한다. 오히려 그런 사람이 나중에 우리가 생각지도 못했던 일을 해낼 수도 있으니 말이다. 처음엔 말도 안 되는 듯한 그런 생각에서 세상의 변화는 시작된다. 자꾸 엉뚱한 생각을 하다 보면 점점 구체화되어 아이디어로 자라게 되는 것이다.

요즘 나는 쓸데없든 쓸데 있든 무조건 생각을 끄집어내려 애쓴다. 세상에 정답이란 없다. 또 정해진 시간도 없다. 내가 5시라고 하면 5시이다. 세상의 시계에 목맬 필요는 없다.

지금 나의 시간은 꿈꾸기 좋은 이른 아침이다.

아무것도 하지 않을 권리

2020년 초엽 엄마가 대장암 수술을 받았다. 그 일로 내 삶은 많은 부분에서 변화가 생겼다. 2019년 12월까지는 책 쓰는 일에 온 힘을 쏟아부었는데, 올해엔 대부분의 신경을 엄마에게 보내야 했다. 다행히 수술은 잘 끝났지만, 항암치료를 위해 2주일에 한 번 대학병원에 오가야 했다.

지금, 일상의 대부분을 엄마의 치료에 맞춘 채 그렇게 9개월을 보내는 중이다. 그동안 상태가 좋아졌다 나빠졌다 하며 입원과 퇴원을 반복하고 있다. 엄마의 몸 상태가 일정치 않아 나는 늘 신경을 곤두세우고 있다.

어느 순간 책을 쓰는 일이 먼 옛날에 하던 일처럼 아득하게 느껴졌다. 올 3월까지는 최고조로 예민해져 있었다. 그러다 보니 도무지 의욕이 생기지 않았다. 기획사에서는 샘플 원고를 보내라고 종용했지만, 아무것도 하고 싶지 않았다. 책도 읽기 싫었고 글 쓰는 일도 힘이 들었다. 집에 있으면 도무지 의욕이 생기지 않아 멍하니 있는 시간이 많아졌다. 넋이 빠졌다는 말이 맞는 것 같았다. 마음은 뭐라도 해야 한다는 부담감에 차 있으면서도 그냥 쉬는 게 낫겠다 싶었다. 그나마 코로나19 때문에 나라 전체가 난리여서 다른 사람들도 나처럼 쉬고 있지 않을까 하는 생각이 나름의 위안이 되었다.

《아무것도 하지 않을 권리》를 지은 정희재 작가는 자신의 책에서 말하는 '아무것도 하지 않을 권리'란 나 자신의 가치와 신념이 아닌 사회가 강요하는 트렌드나 경향에서 자유로울 권리라고 했다. 또한 삶을 너무 사랑한 나머지 상처받은 이들에게 꼭 필요한 '권리장전'이라고도 했다. 아무것도 하지 않고 보내는 시간이야말로 무엇인가를 해야만 하는 인생을 버틸 수 있는 여유와 창의력을 길러준다고 그는 말한다.

남편은 새벽 두세 시까지 깨어 있으려고 한다. 자고 일어나면 또다시 일터에 나가야 하고 그런 자신이 돈 버는 기계가 된 것 같은 생각이 들어 빨리 자는 게 억울하다고 한다. 자기계발서를 많이 읽었던 당시 성공계획표를 짰다. 몇 살까지는 어떤 일을 하고 몇 살까지는 어떤 삶을 살 것인지 3~5년 주기로 계획을 세웠다. 그 계획이 사람을 얼마나 숨 막히고 조급하게 만들었는지 모른다. 대단한 성공을 바라는 것도 아닌데 사실 자기계발서를 따라 마치 내가 원하는 성공의 모습인 양 따라 했다. 지금 와서 생각해보면 내가 바라는 삶이 아니라 남에게 보이기 위한 성공을 따라 했던 것이다.

치열하게 고민하고 방황하며 나는 매순간 쉼 없이 달려왔다. 인생의 의미를 찾기 위해, 꿈을 찾기 위해 그리고 꿈을 이루기 위해. 나이가 들어가며 내 성공의 기준이나 모습은 달라졌다. 주변에 보이기 위한 그런 성공의 모습을 추구하는 것이 아니라 재미있는 일들로 내 삶을 채워가고 있다. 일을 하다가 가끔 쉼표가 필요할 때엔 쉬어야 한다. 아무것도 하지 않고 멍하니 있는 시간은 휴식을 주고 충전을 준다. 나는 몸과 마음이 지치면 그냥 멍하니 아무것도 하지 않고 드러누워 있다. TV를 보거나 뒹굴뒹굴 놀며 맛있는 것을 먹을 때도 있다. 그렇게 며칠간 놀다 보면 충전이 되어 뭔가 다시 하고 싶은 마음이 들곤 한다. 매일 성취가 있어야 하고 특별한 일을 해야 하는 것은 아니다. 그저 오늘을 잘 버티는 것도, 잘 보내는 것도 그 나름의 의미가 있다. 매일 똑같은 하루 같아도 조금씩은 다른 법이다.

사실 행복이란 상대적인 것이고 남들이 가진 것을 모두 가질 필요도 없는데, 우리는 왜 그리도 욕심을 부리며 살고 있었나? 아무것도 하지 않고 있으면 왜 이리도 불안했을까? 하루 동안 특별한 일이 없으면 왜 낭비한 기분이 들었던 걸까?

재미있게 봤던 드라마 〈이태원 클라쓰〉에 나오는 주인공 박새로이와 조이서의 대화 중 이런 내용이 나온다.

"가끔 그런 생각을 해요. 살아서 뭐 하나. 인생이란 게 그렇잖아요. 뻔하고."

"뭔 소리야?"

"언젠가 늙어 죽는, 100년도 안 되는 짧은 인생, 어떻게든 잘 살아 보겠다고 아등바등. 차라리 안 태어났으면 좋았을 텐데. 귀찮아."

"그렇게 귀찮으면 죽어."

"네?"

"헛똑똑이네. 자기가 무슨 신이라도 되는 마냥. 난 항상 일이 끝나면 이 거리를 달려. 내일도 일어나면 가게 문을 열고 오늘이랑 똑같이 일을 하겠지. 반복적인 일상 같지만 사실 내일 무슨 일이 일어날지는 아무도 몰라. 대뜸 시비를 걸던 승권이는 지금 '단밤'에서 홀을 봐주고 있고, 가게 영업정지시킨 니가 지금 우리 가게 매니저야. 뻔한 날은 단 하루도 없었어. 지금껏 힘든 날도 슬픈 날도 많았지만, 살다 보면 가끔 그렇게 재미있는 일들이 벌어지곤 해. 니가 온 이후로 더 그러네. 가슴 뛰는 하루하루야. 혹시 알아? 살다 보면 니 그 지겨운 일상에도 가슴 뛰는 일들이 생길지……."

우리가 사는 세상이 그저 아무 의미 없이 흘러가는 것 같아도 우리는 조금씩 변하고 성장하며 나아간다. 한때 나는 사는 의미도 몰랐고, 사는 게 재미없었고, 나 자신이 쓸모없는 존재처럼 느껴지기도 했다. 하지만 나는 조금씩 앞으로 나아가고 있었고, 성장하고 있었던 것이다. 특별한 업적을 쌓지 않아도 나름대로 내 인생은 누군가에게 작은 의미가 되어주기도 한다. 아무것도 안 하면 또 안 하는 대로 그 나름의 의미가 있다. 뭔가를 이루어내야 하고 특별한 오늘을 만들어야 한다는 그 부담감에서 벗어나 이제 잠시 쉼을 갖자. 아무것도 하지 않은 그 쉼이 내일을 버티게 해주는 힘이 되어줄 것이다.

죽을 때까지 할 수 있는 일

"평생직장은 없어도 평생직업은 있다."

직장보다 직업의 선택이 중요하다는 것을 강조한 말이다. 누가 지은 말인지, 또 정확히 언제부터인지는 모르겠지만 IMF 이후 더 회자된 말인 듯하다. 직장에서 오래 버티기 어려운 시절 이 말이 곳곳에서 떠돌았던 걸로 기억한다.

직업은 중요하다. 직업 없이 행복하기는 현실적으로 어려울 것이다. 물질적 안정은 차치하더라도 직업을 통해 자아실현을 하는 것이 가능하기 때문이다. 평생직업으로 평생 자아실현을 하며 살 수 있다면 얼마나 행복하겠는가.

그것을 이루어줄 평생직업 중 하나가 바로 '작가'다. 책 읽고 글쓰는 일은 죽을 때까지 할 수 있다. 하면 할수록 더 발전할 수도 있고, 사회적으로 인정받을 수도 있다. 이 얼마나 매력적인 일인가. 피터 드러커는 95세까지 장수하며 저술 활동을 했다. 그는 3년 혹은 4

년마다 하나의 주제를 정해 공부하며 책을 썼고, 그렇게 전문 분야를 넓혀갔다. 그야말로 평생 현역이었다. 개인적으로 '평생 현역'이라는 말은 작가와 너무나도 잘 어울린다고 생각한다.

평생직장이라는 말이 무색해진 지 오래되었다. 한때 철밥통이니 보장된 직장이니 하는 말들이 존재했었다. 그러나 그것도 옛말이 된 지 한참 되었다. 철밥통과 같은 직장이 있다고 해도 나이 먹으면 기운이 떨어져서 더 이상 일하기가 힘들어진다. 공무원, 의사, 변호사 모두 마찬가지다. 가구를 만들거나 구두를 만드는, 이른바 장인들도 노쇠해지면 평생 하기 힘들다. 장인들이 나이를 먹어감에 따라 자기 일을 이어갈 수제자를 기르는 데 힘을 쏟는 건 이런 이유에서다. 일을 아무리 잘하고 좋아하더라도 죽을 때까지 한다는 건 거의 불가능하다.

하지만 글을 쓰는 작가는 죽을 때까지도 가능하다. 머리와 손만 놀릴 수 있다면 아무리 나이를 먹고 힘이 없어도 할 수 있다. 어떤 사람은 몸을 가누지 못해도 글을 쓰지 않던가.

고인이 된 스티븐 호킹 박사가 이런 사람 중의 하나다. 그는 몸속 신경이 차례로 파괴되어 전신이 뒤틀리는 루게릭병을 앓았다. 1985년 폐렴으로 기관지 절개수술을 받은 뒤로는 가슴에 꽂은 파이프를 통해 호흡하고, 휠체어에 부착된 고성능 음성 합성장치를 이용해 세상과 소통했다. 병의 진행에 따라 처음에는 손가락을 사용하다가 나중에는 눈썹의 움직임이나 뺨의 움직임, 마지막에는 동공 추적을 통한 음성 변환 방식으로 의사소통을 했다. 이런 역경 속에서도 연구 활동을 계속했고, 갈릴레오 갈릴레이, 아이작 뉴턴, 알베르트 아인슈타인의 계보를 잇는 물리학자라는 평가를 받았다. 연구와 병행한 저술 활동도 활발하게 해서 여러 저서를 통해 과학의 대중화에 힘쓰며 향년 76세를 일기로 세상을 떠났다. 비록 몸을 자유자재로 움직이지 못했어도 그는 정상인도 하지 못할 엄청난 업적을 이루었다.

다른 일은 나이를 먹으면 은퇴를 해야 하지만 글 쓰는 일에는 정년이 없다. 오히려 나이를 먹어가면서 경력이 쌓이고 학문이 높아지면서 글이 깊어질 수 있다. 나아가 사회적으로 명성을 얻을 수도 있다. 아마도 나이가 그 사람을 더 빛나게 해주는 유일한 직업이 아닐까 싶다. 퇴직 눈치를 보길 하나 나이 걱정을 하나, 인간으로서 가장 이상적인 자아실현까지 할 수 있게 해주니 이보다 더 좋은 일이 어디 있단 말인가. 더군다나 요즘은 기계가 인간의 일자리까지 빼앗는 시대이다. 점점 인간이 설 자리를 잃고 있다. 그렇다면 우리 인간만이 할 수 있는 일을 해야 한다. 그런 일 중 하나가 바로 글쓰기이다. 글을 쓰는 일은 창의적인 영역이라 지금까지는 그리고 당분간은 기계가 그 영역을 침범하지 못할 것이다.

책을 쓰기 시작하면서 앞으로 내가 쓰고자 하는 분야가 점점 많아지고 있다. 내 경험담을 하나씩 풀어내서 그 내용을 좀 더 전문적인 지식과 버무려 쓰고 싶다는 욕심이 생겼다. 책을 쓴다는 것에는 직접 부딪쳐가며 써보지 않는 사람은 알 수 없는 짜릿한 즐거움이 있다.

특히 형편없는 초고를 쓰고 퇴고하는 과정에서 더 나아지는 글을 보는 재미는 그 어떤 재미보다 크다. 이런 퇴고의 즐거움 때문에 나는 입에서 단내가 나도록 내가 쓴 글을 읽고 또 읽어낸다. 조금이라도 어색한 부분을 찾기 위해, 또 적당한 단어를 찾기 위해 고심한다. 내용이 책의 주제와 어울리는지, 사례가 적당한지 끊임없이 생각하며 고민하는 과정은 참으로 즐겁다. 이런 것을 두고 창작의 기쁨이라고 하나 보다.

책 쓰는 일은 책 읽는 일보다 엄청난 공부가 된다는 것을 알게 되었다. 책 한 권을 쓰기 위해 평상시 많이 하지도 않던 '생각'이라는 활동을 엄청나게 해야 했다. 내 생각을 정리하기 위해 끊임없이 질문하고 또 그 질문에 답하기 위해 고민했다. 그러면서 저절로 공부가 되었다. 이 모든 과정이 번거롭다고 생각하면 책 쓰는 일은 고문일 수 있다. 포기하는 것이 더 나을 수도 있다. 그러나 그 지난한 과정을 거치고 제대로 된 글이 탄생하면 거기서 오는 즐거움은 그 무엇과도 비교할 수 없다. 이렇게 좋은 글쓰기는 나이가 들어도, 펜 잡을 힘만 있어도, 컴퓨터 자판을 칠 기운만 있어도 얼마든지 할 수 있는 것이다.

글을 쓰며 나는 더 성장하고 진화해나갈 것이다. 게다가 좋아하는 일을 하면서 돈도 벌 수 있으니 얼마나 이상적인가. 물론 책 한 권을 쓰기 위해 적지 않은 노력을 해야 하지만 그 일 또한 즐겁게 할 수 있다. 작가들이 힘들어하면서도 책 쓰는 일을 왜 멈추지 않는지 이제야 이해가 된다.

송숙희 작가는 자신의 저서 《당신의 책을 가져라》에서 책 쓰는 즐거움을 이렇게 정리한다.

첫째, 해당 분야의 전문가로 인정받는다.

둘째, 열정을 집중할 수 있다. 책을 한 권 써내고 나면 결과에 상관없이 책을 썼다는 자체만으로 자신감과 추진력이 생겨 그 어떤 일이든 할 수 있다는 마음이 생긴다고 한다.

셋째, 돈 한 푼 들지 않는 셀프 마케팅이 된다. 책을 더 팔기 위해 서점과 출판사에서는 스스로 프로모션 아이디어를 고심한다. 한편 책을 통해 드러난 저자의 전문성은 대외적인 공신력을 얻게 된다. 이로 인해 저자는 그 분야의 브랜드가 되기도 한다.

넷째, 삶을 업그레이드한다. 책을 쓰면 자신의 재능과 특성, 가치에 대해 스스로 확신을 갖게 된다. 대외적인 신뢰도까지 더해져 보다 큰 일, 보다 큰 기회를 준비하고 맞이하게 된다.

다섯째, 인세 수입으로 주머니까지 두둑해진다.

여섯째, 가문의 영광이다. 당신이 쓴 책은 자식으로서 부모한테는 자식 농사 잘 지은 훈장이 되고 자녀에게는 귀감이 된다.

일곱째, 2막 인생을 대비하는 결정적 기술이다. 꾸준히 저술 활동을 하는 것만으로 충분히 최상의 노후 준비가 될 수 있다고 한다. 책을 쓰면 자연히 강연 의뢰도 따라오기 마련인데, 이를 준비하며 전문 강사로 인생 2막을 열 수도 있다. 저자와 강사, 두 가지 전문직을 갖게 되는 것이다.

여덟째, 21세기식 나눔의 실천이 된다. 자신이 가진 지식과 지혜를 나누면 나눌수록 명예와 돈과 권위로 되돌아오는 나눔의 신비를 경험하게 될 거라고 한다.

당신도 이제 그 즐거움을 느껴보지 않겠는가.

이제라도 꿈꾸기를

나는 꿈을 이루는 이야기를 좋아한다. 드라마나 영화, 소설에서 주인공이 고난을 극복하다가 결국 꿈을 이루는 모습을 보면 카타르시스를 느낀다.

내가 가장 좋아하는 영화는 〈쇼생크 탈출〉이다. 이 영화는 꿈을 이루는 이야기는 아니다. 촉망받던 은행 부지점장이었던 주인공 앤디가 억울한 살인누명을 쓰고 교도소에 갇혀 있다가 탈출하는 이야기다. 처음 앤디가 교도소에 들어왔을 때 동성애자들의 공격을 받았고 친구도 없이 혼자 지내게 되었다. 교도소 밖에서도 안에서도 그는 불행한 사람이었다. 하루하루가 죽기보다 싫은 나날이었으리라. 그런 그가 우연히 듣게 된 간수장의 유산 문제를 해결해주면서 그의 인생은 달라진다. 친구도 생기고, 교도소장의 뒷돈 관리를 해주는 특별한 죄수로 거듭난다.

암담한 현실에서 순응하며 살아가는 다른 죄수들과는 달리 앤디는 스스로 희망의 실마리를 찾았다. 수동적으로 환경에 길들여지기보다 현실을 벗어나기 위해 능동적으로 방법을 찾아 나선 것이다. 희망은 위험한 것이라 말하는 그의 친구 레드에게 앤디는 말한다.

"희망은 좋은 거예요. 좋은 것은 사라지지 않아요."

희망은 사라지지 않는다. 항상 우리 곁에 있다. 다만 거저 주어지지는 않는다. 자신의 의지로 찾아야 한다.

열 번도 넘게 본 〈쇼생크 탈출〉. 이 영화는 아무리 어려운 상황이라고 해도 자신이 가진 지식이 그 상황을 헤쳐나갈 실마리가 될 수 있다는 메시지를 던진다. 어떤 문제가 생겼을 때 자신이 갖고 있던 지식이나 경험으로 하나하나 문제를 풀어나가다 보면 희망이 보인다는 게 나를 이 영화에 빠져들게 한 이유다. 앤디는 절망적인 상황에서 포기하지 않고 때를 기다렸다. 현재 자신이 할 수 있는 일부터 하나하나 처리해가면서 지금의 상황을 바꾸려고 노력했다. 세상을 살다 보면 자신이 가지고 있는 역량을 십분 활용하지 못하는 경우가 많다. 아무리 하찮은 지식이나 기술이라고 해도 언제 어느 때 유용하게 쓰일지 알 수 없다. 그러므로 부지런히 지식과 경험을 쌓아두는 것이 중요하다.

나는 글을 쓰며 내가 가장 잘할 수 있는 일을 알게 되었다. 누구보다 오래도록 책상에 앉아 있는 일이다. 즉 엉덩이 지수가 높다. '글은 엉덩이로 쓰는 것'이란 말을 듣고는 엉덩이 지수가 더 높아졌다. 자신감마저 생겼다. 이렇게 매일 그리고 꾸준히 쓰다 보니 내 몸에 글

쓰는 DNA가 새겨지고 있다는 걸 느낀다. 글을 쓰는 감각이 생긴 것이다. 타고난 재능은 없지만 매일 글을 쓰다 보니 어제보다는 조금 나은 내가 되어가는 것을 알 수 있다. 여전히 나는 글쓰기 책을 읽으며 더 잘 쓰기 위해 이런저런 방법을 실천해가고 있다. 앞으로 내가 살고자 하는 인생은 글을 쓰는 삶이다. 나이가 들면서 나는 지금보다 더 나은 글쟁이가 되어 있을 것이다. 그런 내가 되기 위해 노력을 아끼지 않을 것이기에.

재능도 없고 할 줄 아는 것도 없어 막막해 보이던 삶. 그 삶 속에서 내가 할 수 있는 한 가지로 희망의 끈을 잡았다. 어릴 때부터 써왔던 글쓰기가 평생의 직업이 될지 그 누가 알았으랴. 누구나 '나'에게 있는 아주 작은 경험이나 지식을 다시 돌아볼 일이다. 꿈이 없다고 망연자실 앉아만 있지 말고 무엇이라도 삶의 힌트를 찾아야 한다. 자신을 돌아보며, 아주 조그마한 일이라도 할 수 있는 일을 찾아야 한다. 그리고 해야 한다. 그 작은 실마리가 나중에 엄청난 인생의 변화를 가져올 수 있다.

삶이 어떤 방향으로 흘러갈지 우리는 알 수 없다. "생각대로 살지 않으면 사는 대로 생각하게 될 것이다"라는 말이 있다. 삶이 흘러가는 대로 수동적으로 따라갈 것인가 아니면 '내'가 능동적으로 내 인생을 끌고 갈 것인가? 이제는 그 문제에 대해 고민해 볼 때이다. 꿈을 꾸기에 늦은 때란 없다.

도서관에서
부자가 되었다

작가의 꿈을 이루기 위해 도서관에 갔다. 매일 출퇴근(?)하며 꿈을 키워나갔다. 종일 도서관에 틀어박혀 책 읽고 글을 쓰는 삶은 너무도 즐겁고 행복했다. 예전에 공부했던 때와는 근본적으로 달랐다. 내가 하고 싶은 일이 생겼고, 그 꿈을 이루기 위해 매일 지식을 채우고 배워가는 삶은 내 삶 전체를 바꿔놓았다. 책과 글과 함께 하루를 보내고 집으로 돌아가는 기분은 너무도 뿌듯하고 충만했다. 어제보다는 조금 더 나아지고 있고 더 괜찮은 사람이 되어가는 그런 기분이었다.

아침에 도서관으로 가는 길은 뭔가 보물을 찾으러 가는 길처럼 설렜다. 설레는 마음을 안고 이런저런 상상을 하며 걸어갔다. 내가 꿈을 이룬 이야기를 많은 사람 앞에서 강연하는, 정말 꿈과도 같은 상상의 목소리가 들려왔다. 그만큼 내 삶이 흥미진진해지고 풍요로워진 것이다.

책을 쓰는 일은 그동안 내가 배우고 익힌 지식을 정리하는 작업이었다. 책을 쓰려고 작정하면서 태어나서 가장 많은 생각을 했다. 가끔은 생각이 정리되지 않아 혼잣말로 나에게 묻곤 했다.

'그래서 하고 싶은 말이 뭔데?'

수없이 나에게 묻고 물으며 원고를 채워나갔다.

도서관을 다니던 4년(1년은 책을 쓰는 기간이라 거의 가지 못해 1년을 뺐다)은 꿈같은 시간이었다. 모임도 안 나가고, 꼭 필요하지 않은 만남도 끊고 글을 쓰고 책을 읽는 일에 빠져 살았다. 계절의 변화도 느끼지 못할 정도로 파묻혔다. 화사하게 변해가는 봄의 장관도 눈에 들어오지 않았고, 냉커피가 당길 때가 되면 여름인가보다 생각했다. 생각을 정리하려고 산책할 때 덥지도 춥지도 않은 날씨를 느끼며 가을임을 알았고, 무릎담요를 덮고 마시는 뜨거운 커피가 유난히 맛이 좋은 걸 느끼며 겨울이 왔음을 알았다. 그렇게 내가 글을 쓰고 책 읽는 시간에서 찾는 일상의 즐거움을 통해 사계절을 느끼게 되었다.

읽을 책을 한 아름 안고 집으로 오는 날은 부자가 된 것 같았다. 하지만 도서관 서고의 많은 책 앞에 서면 다시 가난뱅이가 된 기분이었다. '아직도 읽을 책이 이렇게 많구나!' 하는 생각이 들어 한없이 내 자신이 작아졌다. 여하튼 도서관은 내게 있어 책 읽고 글 쓰는 장소 그 이상이었다. 어떤 때는 대가들을 만나는 장소였고, 어떤 때는 학창시절의 나로 돌아가는 장소이기도 했다.

본격적으로 책을 쓰기 위해 기획사의 책 쓰기 수업을 들었다. 그 수업을 듣고서야 두루뭉술하던 내 글이 조금씩 힘을 얻기 시작했다. 작가가 되기로 마음먹었을 때 이런 습작 기간 없이 바로 책 쓰기 수업을 들었다면 어땠을까? 4년간 수없이 나의 능력에 한계를 느껴 좌절감을 맛본 뒤 다시 도전하는 그 경험이 없었다면 어땠을까? 꾸준함의 진가를 알지 못했을 것이다. 어떤 일이든 한순간에 이뤄지는 게 아니라 많은 땀이 모여 이뤄진다는 것을 새삼 느끼지 못했을 것이다. 나는 나의 한계와 부족함을 깨달은 체험을 혹독하게 겪었기 때문에 책 쓰기 수업에 더 겸손하게 임할 수 있었다. 진정한 배우려는 자의 자세로 노력할 수 있었다. 또 책 쓰기 수업을 듣고 더 빨리 내 것으로 만들 수 있었다.

처음에는 내 꿈을 주변 사람들에게 당당하게 말하지 못했다. "재능도 없고 성공하지도 못한 니가 무슨 수로 책을 써?"라는 말을 들을까 겁이 났기 때문이다. 어쩌면 학벌도 스펙도 재능도 없이 살림만 하던 나를 스스로 낮췄는지도 모르겠다. 그래서 더 자격지심이 들었는지도 모르겠다. 자격지심을 이겨내는 방법은 하나뿐이었다. 읽고 쓰는 것. 나는 읽고 또 읽고 쓰고 또 썼다. 부족한 나를 채우기 위해, 비난의 소리에 맞서기 위해, 스스로를 일으켜 세우기 위해.

하루 24시간 중 많은 시간을 책과 함께 생활하며 4년을 아니 5년을 보냈다. 매일 글을 쓰며 제2의 천성을 만들어갔다. 나의 성실함과 꾸준함에 드디어 자신감이 생겼다. 다른 사람은 몰라도 나는 이렇게 노력하는 나를 인정해줘야 한다고 생각했다. 남들이 비웃든 말든 나는 내 꿈을 말할 수 있게 되었다. 나를 비로소 믿게 되었다. 아니 믿음 그 이상이다. 노력하는 나와 그걸 인정해주는 또 다른 나와의 결합이라고나 할까.

예전에는 어떤 일을 시작할 때 빨리, 쉽게 가는 방법을 찾기에 급급했다. 효율적인 방법이 최고라 생각했고, 노력이라는 먼 길보다는 지름길로 가는 게 최선이라 생각했다. 그런 내가 꾸준히 묵묵히 내 길을 가는 즐거움을 알게 되었다. 매일 10페이지를 쓰려고 노력했다. 한 줄의 글이라도 읽으려고 애를 썼다. 내 삶에 대해 더 깊은 생각을 하려고 하다 보니 삶 자체가 달라졌다. 빨리 쉽게 가려는 방법만 찾던 시절에는 이런저런 정보에 속기도 했다. 우왕좌왕 내 길이 혼란스럽기도 했다. 하지만 꾸준히 내 길을 걷다 보니 이제는 다른 이의 말에 그다지 혼란을 느끼지 않는다. 오히려 나 자신의 목소리에 더 귀기울이게 되었다. 내가 이제껏 해왔던 방법대로 계속 가면 된다는 믿음이 생긴 것이다.

아직도 나는 부족한 점이 많다. 여전히 배워야 할 것도 많고 도전하고픈 분야도 많다. 그러나 이제는 급하게 마음먹지 않고 차근차근 하자는 마음으로 하나씩 도전해보려 한다. 첫 책을 쓰며 나는 다음에 나올 책의 아이디어가 떠올라 메모해두곤 했다. 그리고 지금, 쓰고 싶은 분야가 대폭 늘어나서 어떤 것부터 쓸까 하는 행복한 고민을 하고 있다.

코로나 19로 요즘 도서관에 못 가게 되었다. 참으로 안타깝다. 도서관은 책을 빌리고 공부하는 장소를 넘어 나의 꿈을 이룰 수 있도록 도와주고, 좌절감에 포기하고 싶었을 때 나를 조용히 위로하고 품어주던 곳이다. 책을 쓰다가 막막해졌을 때, 슬럼프에 어찌해야 할지 모를 때 나는 도서관 자료실을 찾았다. 어떤 책을 읽을지 정하지 않고 그냥 내 눈길 닿는 대로 제목 위주로 훑어봤다. 내 눈길을 사로잡는 책을 발견하면 그 책을 꺼내 펼쳤다. 책 안에서 혼란스러운 마음을 해결해줄 단 하나의 단어를 찾았다. 그렇게 해답을 찾아 나가며 슬럼프를 견뎌냈다.

우리 집 근처에 있는 도서관 1층에는 커피숍이 있다. 도서관 입구에 들어서면 향긋한 커피 향이 가장 먼저 나를 반긴다. 커피 향을 맡으며 행복한 기분으로 계단을 오른다. 오늘 하루도 더없이 좋은 하루가 될 거라는 기대감에 취한 채. 앞으로 내 미래가 더 좋아질 거라는 희망에 취한 채.

Chapter 6

작가에 도전할 때
고민할 질문들

나를 성장시키는
글쓰기에 대하여

---

1) 글을 잘 쓰려면 재능이 필요할까?

재능이 있으면 글을 쓰는 데 유리할 수는 있겠지만 그게 다는 아니다. 우리가 흔히 쓰는 실용적인 글은 매일 쓰는 꾸준함과 고치고 또 고치는 성실함만 있어도 된다. 재능이 없던 나는 매일 아침 무작정 10페이지를 썼다. 그렇게 하지 않으면 작가 되는 일이 너무 오래 걸릴 것 같아 연습량으로 승부를 건 것이다. 특별한 날이 아니면 무조건 강제적으로 나와의 약속을 실천해나갔다.

10페이지를 쓰는 건 만만한 일이 아니었다. 잘 써지지 않는 날은 고문이 따로 없었다. 생각 끝에 제목을 정해 써보기로 했다. 제목 없이 그냥 되는 대로 쓰면 어제오늘의 내용이 겹치고 마땅한 쓸 말이 없어진다. 그런데 제목을 정해서 쓰면 나도 모르게 제목에 집중하게 되어 제목에 맞는 글을 떠올리게 된다. 조금씩 글에 목적성을 띠게 되어 한층 내용이 나아진다.

고문 같은 날들을 이겨내며 매일 글을 쓰자 차츰 글을 쓰는 일이 만만해졌다. 시간이 더 흐르자 더 이상 두렵지 않게 되었다. 글을 쓰고 내 맘에 들 때까지 고치고 또 고치다 보면 내가 생각해도 썩 괜찮은 글이 되어가는 것을 볼 수 있었다. 나는 이와 같이 변화된 나를 보며 결론을 얻었다. 선천적인 재능이 없어도 매일 쓰는 꾸준함과 좋은 글이 되도록 퇴고하는 성실함만 있으면 충분히 좋은 글을 쓸 수 있다는 것이 나의 결론이다.

2) 글을 쓰고 좋아진 점은?

첫째, 스트레스가 풀리고 마음이 안정되었다.

고등학교 때부터 일기를 써오고 있다. 뭔지 모르게 답답하고 불만족스러운 마음이 들면 일단 일기장에 모두 토해 놓았다. 누군가에게 하지 못한 이야기를 일기로 털어놓게 되면 마음이 후련해지고 스트레스가 풀렸다.

어느 날, 늦게 결혼한 친구가 육아로 힘들다며 호소하길래 내가 말했다.

"너 예전에 시도 읽고 글도 많이 썼잖아. 힘든 일을 글로 써봐. 글을 쓰다 보면 마음이 훨씬 안정되고 스트레스가 풀릴 거야."

"쓰고 싶은데 누가 볼까봐 못 쓰겠어."

많은 이들이 글 쓰는 일을 두려워하는 이유 중 하나가 바로 그것이다. 누군가 자신의 글을 볼까봐 용기가 나지 않는다는 것. 나 또한 처음에 그랬다. 그러나 우리 집에는 내 습작 노트가 수십 권 있다. 그렇게 많이 쓰다 보니 무덤덤해져서 이젠 그런 두려움이 사라진 지 오래되었다. 그러니 당신도 이제 남 그만 의식하고 그냥 써라. 사람들은 생각보다 남의 일에 관심이 없다.

둘째, 말솜씨가 조금 늘었다.

부끄럽지만 사실 나는 말을 잘하지 못했다. 말주변이 없다고 해야 하나? 말을 하다 보면, 진짜 하고 싶은 말을 제대로 하지 못하고 자꾸 횡설수설했다. 이게 아닌데 싶으면서도 머릿속 생각을 말로 정확하게 표현해내지 못했다. 그러다 보니 내 말을 듣는 사람도 헷갈려 했다. 그런 내가 글을 쓰게 된 후에는 조금씩 머릿속이 정돈되면서 점점 나아졌다. 적어도 듣는 사람을 헷갈리게 만들지는 않는다.

셋째, 고민하던 문제가 해결되기도 하고 생각지도 못한 아이디어가 떠오르기도 한다.

새벽에 글을 쓰다 보면 신비한 경험을 하게 된다. 누군가 내 손을 빌려 글을 쓰는 것 같은 기분이 들 정도로 내 생각과 다르게 손이 움직일 때가 있다. '막 쓰기'의 실현이다. 모닝페이지를 쓸 때 자신이 쓸 주제나 제목만 잠시 생각한 후 그냥 막 써내려가 보자. 그렇게 미친 듯이 글을 써가다 보면 생각지도 못한 문장이 나오기도 하고, 그동안 골치 아팠던 문제가 해결되기도 한다. 아이디어가 떠오르기도 한다. 특히 새벽 시간에 이런 경우가 많이 생겼다.

넷째, 나를 더 믿게 되고 내 길이 뚜렷하게 보인다.

매일 꾸준히 나와의 약속인 10페이지 쓰는 일을 하다 보니 점점 나를 믿게 되었다. 나의 성실함을 인정하면서 더 이상 다른 유혹의 말에 흔들리지 않게 되었다. 오직 나를 믿고 앞으로도 내가 생각하고 해왔던 방식으로 가면 된다는 믿음이 생겼다. 그 믿음대로 가는 것이 나의 길이다.

다섯째, 나를 더 이해하게 되고 숨겨진 재능을 발견하기도 한다.

우리는 누군가를 만나면 남의 이야기를 듣는 것보다 자신의 이야기를 하고 싶어 한다. 아무리 가까운 가족이나 친구들도 늘 변함없이 '내' 이야기를 모두 들어 주기는 쉽지 않다. 똑같은 소리를 매일같이 하다 보면 상대는 흘려듣게 되고, 딴생각을 하며 본인의 이야기를 꺼낼 타이밍을 기다린다. 현실이 이렇다 보니 자신의 이야기를 모두 시원스레 털어놓기는 어렵다. 꺼내는 이야기마다 공감 받기도 힘들다. 이런 일이 여러 번 되풀이되면 마음속에 불만이 쌓이게 된다. 그 불만을 다시 누군가에게 말로 풀기도 참 애매하다.

그런 불만을 이제 글로 털어놓자. 노트든 컴퓨터이든 자기 마음을 글로 배설하다 보면 어느새 '내' 안에 쌓여 있던 불만과 우울함, 답답함이 모두 풀리는 걸 느낄 수 있다. 노트를 가장 가까운 친구로 생각하고 맘껏 털어놓아라. 노트는 당신이 아무리 수다를 떨고 똑같은 소리를 반복해도 절대 불평하지 않고, 무시하지 않고 모두 받아준다. 그렇게 쓰다 보면 내가 모르던 나를 만나게 되고, 나를 이해하고 더 사랑하게 될 것이며, 내가 모르던 재능을 발견할 수도 있다.

3) 포기하지 않고 끝까지 할 수 있는 방법

예전에 나는 이것저것 시도해보는 일도 많았고, 얼마 하다가 포기하고 그만두는 일이 잦았다. 누군가가 어떤 이야기를 하면 귀가 얇아 속기도 잘했다. 그런 나를 보며 모두 말은 안 했지만 왜 그리도 끈기도 인내도 없을까 생각했으리라. 나도 그렇게 생각했으니까.

끈기도 인내도 없던 내가 5년 동안 계속 글을 쓰고 있다. 그리고 드디어 작가의 꿈을 이뤘다. 다른 일과는 달리 싫증 내지 않고 더 열심히 하고 더 나아지려고 노력도 한다. 내가 좋아하는 일이기에 그럴 수 있다. 좋아하면 견딜 수 있다.

내가 꿈을 이룰 수 있던 배경에는 습관이 있다. 아무리 좋아하는 일도 습관을 들이지 않는다면 언제 어느새 포기하게 될 수도 있다. 나 또한 도중에 슬럼프도 많이 겪었고 자주 회의감이 들었다. 하지만 포기하지 않고 계속할 수 있었던 것은 매일 나와의 약속을 지켰기 때문이다. 그렇게 매일 글을 쓰는 습관을 들이다 보니 언젠가부터 나에 대한 믿음이 생겼다. 멈추지 않고 지속할 수 있는 힘이 생겼다.

포기는 '나'를 믿지 못하기 때문에, 앞날이 불안하기 때문에 하게 된다. 자기 자신조차 '나'를 믿지 못하면 힘든 순간에 버티지 못하게 된다. 작가의 꿈을 반드시 이루고 싶다면 거창한 방법을 이것저것 시도하는 것보다 자신과의 약속을 정해 무슨 일이 있어도 그걸 지켜내 보자. 단 1페이지라도 매일 쓰다 보면 점점 욕심이 생긴다. 습관이 들어 글을 쓰는 데 탄력이 붙을 것이다. '내'가 글을 쓸 수 있다는 믿음이 생길 것이다.

아무리 책을 잘 쓰는 뛰어난 기술이나 방법을 안다 해도 쓰지 않으면 소용없다. 작가는 글을 쓰는 사람이므로 글을 써야 한다. 일단 매일 쓰기를 실천해서 쓰는 근육을 만들자. 그래야만 다음 단계로 나아갈 수 있다.

4) 마음 편하게 글감 찾기

본격적으로 글을 쓰기 시작했을 때 나는 무슨 주제로 써야 하나 막막했다. 고민하다 만난 책이 《뼛속까지 내려가서 써라》였다. 이 책을 읽다 보면 글을 쓰는 일은 특별한 일이 아니라는 사실을 알 수 있다. 우리에게는 글을 쓴다는 것을 너무 거창하게 생각하는 경향이 있다. 특별하고 특출 난 사람들만 쓸 수 있는 줄 안다. 이런 이유로 글을 쓰는 일이 자신과는 별개라고 생각하는 사람이 많다.

줄리아 카메론의 《아티스트 웨이》라는 책에서는 과거 자신의 삶을 쓰라고 한다. '나'의 재능이나 창조성을 일깨우기 위해서는 어릴 때의 기억이나 내 안에 담긴 모든 찌꺼기를 쏟아 내라고 말한다. 그렇게 나로부터 글은 시작하고 점점 영역을 넓혀가는 것이다. 나도 《아티스트 웨이》가 시키는 대로 글을 썼다. 매일 제목을 정해서 그 제목에 맞춰 글을 쓰려 노력했다. 이런 방식으로 글을 쓰다 보면 신기한 일이 일어난다. 주변에 쓸거리가 눈에 띄기 시작한다.

언젠가 도서관 앞을 산책하는데 희한한 나무를 보았다. 다른 나무들은 늦가을에 모두 잎을 떨어내어 앙상한 가지만 남기는데, 이 나무는 나뭇잎을 절대 떨어내지 않았다. 겨우내 나무는 그렇게 마른 잎을 붙들고 있었다. 다음 해 다른 나무들이 하나둘 새싹을 틔우고 한창 푸릇푸릇 잎이 무성해지는 4월까지도 잎을 붙들고 있었다. 5월이 되어서야 비로소 마른 잎을 털어내고 새싹을 틔웠다.

이 나무는 '대왕참나무'라는 외래종이다. 나중에 알고 보니 베를린 올림픽 당시 손기정 선수가 마라톤에서 우승한 후 시상대에서 가슴에 달린 일장기를 가렸던 것이 월계관과 월계수 대신 받은 대왕참나무 묘목이었다고 한다. 이 나무가 항일 독립운동의 상징이라는 역사적 사실까지 알게 되니 더 특별하게 느껴졌다. 그 나무를 보며 생각했다. 잎을 내려놓지 않음은 누구를 위한 선택일까? 서로의 필요인

듯 보이는 그들의 동거(?)는 추운 겨울을 좀 더 따뜻하게 날 수 있는 아주 합리적인 방식이라 느껴졌다. 그 합리적 동거에서 묘하게도 정감이 느껴졌다.

나는 대왕참나무의 그 나뭇잎을 억지로 따보려고 했다. 하지만 아무리 힘주어 잡아당겨도 떨어지지 않았다. 잎은 말랐지만 그 안에 나무에 대한 애정이 깊은 건지, 잎을 놓지 않으려는 나무의 집착인지, 어쨌든 신기한 경험이었다.

이런 소재로도 얼마든지 글을 쓸 수 있다. 주위를 관찰해보면 그런 소재들이 널려 있다. 우리가 관심만 기울인다면 말이다. 이웃집 사람은 왜 맨날 주차를 삐딱하게 하는지, 교복을 입은 학생들이 왜 동네 놀이터에서 담배를 피우는지, 아이들이 왜 길고양이를 괴롭히는지 등이 모두 소중한 글감이 될 수 있다. 그런 것들에 더 관심을 가지면 시선이 달라지고 깊어진다. 자연스럽게 글도 깊어진다.

코로나로 모두가 힘든 요즘. 이 힘든 현실이 작가에게는 좋은 글감이 될 수도 있다. 코로나 상황이 길어지면서 서점가에 코로나를 언급한 책들이 하나둘 얼굴을 내밀고 있는데, 이런 현상이 바로 그 근거다. 전쟁, 재앙, 학살 등으로 끔찍해진 현실이 우리의 삶의 무게를 무겁게 할 때 작가들은 어김없이 그것을 소재로 글을 쓰며 독자를 위로했다. 세상을 고발했다. 새로운 시각과 시선으로 돌파구를 제시했다. 즉 위기의 상황이 작가에게는 기회가 될 수 있다.

나는 이 책을 쓰면서 다음 책에 쓸 소재가 생겨날 때마다 메모한다. 이것 또한 작가가 누릴 수 있는 행복이다.

5) 작가가 되기 위해 가장 중요한 것

많이 읽고 많이 쓰고 많이 생각하라고 작가들은 말한다. 나 또한 그 말이 진리라고 생각한다. 너무 원론적인 말인가? 그래도 어쩔 수 없다. 아무리 허접한 책이라도 그 책을 쓰기 위해서 작가는 수없이 읽고 쓰기와 생각하기를 반복한다. 글을 많이 써도 책을 읽지 않으면 잘 쓸 수 없다. 자신의 경험담만 쓴다고 해도 책을 읽지 않고는 내용을 채울 수 없다. 만약 독서를 싫어하는 작가 지망생이라면 작가의 길을 포기하는 게 좋다. 그 정도로 독서와 글쓰기는 밀접한 관계가 있다. 생각하기도 그렇다. 책 쓰는 일은 자기 생각을 정리하는 과정이다. 수없이 자기의 생각을 묻고 정리해야 한다. 자신을 설득시키지 못하면 독자를 이해시키지 못하기 때문이다.

이제 나는 당신을 설득한다. 쓰고, 읽고, 생각하자. 그래야만 작가가 될 수 있다.

6) 작가는 영감이 뛰어나야 하는가?

영감을 가져다주는 여신을 '뮤즈'라고 한다(스티븐 킹은 자신의 뮤즈는 남신이라고 한다. 어쨌든). 드라마나 영화를 보면 작가들이 갑자기 영감이 떠올라 미친 듯이 글을 쓰는 장면이 나온다. 과연 그렇게 갑자기 영감이 떠올라 글을 쓰는 사람이 몇 명이나 될까? 스릴러의 대가인 스티븐 킹조차도 뮤즈의 신은 그냥 나타나지 않는다고 말한다. 매일 꾸준히 글을 써야 뮤즈도 어쩌다가 등장한다고 익살스럽게 말한다. 나도 스티븐 킹의 말에 동의한다. 뮤즈가 나타날 때까지 머리를 쥐어뜯는 대신 꾸준히 글을 쓰는 것이 더 현명한 방법이다. 쓰다 보면 뮤즈를 만날 일도 더 많아진다.

본문에서도 말했지만 나는 매일 새벽에 일어나 10페이지를 의무적으로 쓴다. 그렇게 미친 듯이 쓰다가 어떤 때에는 나도 정신이 번쩍 들 만큼 놀라울 정도의 글이 나오기도 한다(어디까지나 내 개인적 생각으로). 좋은 글이 나오는 것은 매일 글을 써왔기 때문에 가능하다. 글은 엉덩이로 쓴다는 말이 있다. 매일 그 시간에 끈덕지게 글을 쓰다 보면 굳이 뮤즈를 기다릴 필요가 없어진다. 내가 나를 더 믿게 된다. 뮤즈가 없어도 충분히 스스로 좋은 글을 쓸 수 있다는 그런 믿음이 자리한다.

영감을 기다리지 말라. 그냥 무턱대고 써라. 혹시 아는가. 열심히 쓰고 있으면 뮤즈가 슬며시 나타나 당신의 모습이 대견해서 더 좋은 글을 쓸 수 있게 도와줄지.

책 쓰기에 유리한
독서에 대하여

---

1) 무슨 책을 읽어야 할까?

학벌, 스펙, 경력, 능력 어느 것 하나 갖춰지지 않았던 나. 그런 내
가 작가가 되기 위해서는 일단 지식을 많이 채워야 한다고 생각했다.
글 쓰는 일도 중요하지만 독서가 가장 중요하고 시급하다고 판단했
다. 그전까지 했던 독서는 추리소설이나 읽기 편한 책이 전부였다.
나는 독서법 관련 책부터 읽기 시작했고, 권장도서와 추천도서를 중
심으로 읽어나갔다.

그러나 남이 추천하는 도서라고 해서 꼭 나에게도 좋은 책은 아니
라는 걸 읽으면서 알게 되었다. 사람들은 모두 생각이 다르고, 같은
책을 읽고도 전혀 다른 것을 느끼기도 한다. 어떤 상황에서 책을 읽
느냐에 따라 그 책 내용이 와닿을 수도 있고 그렇지 않을 수도 있다.

그 평범한 진리를 새삼 깨달은 나는 얼마간 그렇게 남이 추천하는 책을 읽어 나가다가 그만두었다. 그건 형식적인 독서와 크게 다를 바 없었다.

나는 현재 내게 필요한 책을 찾아 읽어 나간다. 물론 여러 사람이 좋다고 권장하는 책은 있다. 그런 책도 읽어보고, 별로라고 하는 책도 함께 읽어봐야 한다. 허접해 보이는 책이 오히려 깨달음을 준 경우가 꽤 있었다. 그러므로 나는 나쁘고 좋은 책은 없다고 생각한다. 어떤 책이든 책은 그 나름대로 유익이 있다. 읽는 사람이 어떻게 받아들이고 자신의 삶에 적용하는지가 중요한 것이다.

누군가 어떤 책을 읽어야 하느냐고 물으면 나는 답한다. 지금 현재 당신 마음속의 욕망을 해결해줄 그런 책이 진짜 당신이 읽어야 할 책이라고.

2) 얼마나 많이 읽어야 할까?

독서 관련 책을 읽으며 '임계점 원리'를 알게 되었다. 물이 계속 끓다가 100도라는 끓는점을 지나는 순간 수증기로 변하는 것처럼 공부도 임계점을 지나는 순간 성장과 변화를 만나게 된다는 것이다. 어떤 작가는 3년에 천 권을 읽어야 하고 다른 작가는 1년에 천 권은 읽어야 인생에 변화가 일어난다고 한다. 그런 내용을 접하고 나 또한 내가 읽은 책들을 노트에 숫자까지 매겨가며 적어나갔다. 백 권, 이백 권, 오백 권 숫자가 커질수록 내가 이 정도로 유식해졌다며 뿌듯해했다. 읽은 책을 노트에 적는 재미에 더 열심히 읽어 나갔다. 대부분이 자기계발서였다. 그렇게 천 권 넘게 읽었다.

그런데 이상하게 자꾸 뭔가 헛헛하고 찜찜한 기분이 들었다. 대부분의 자기계발서는 부족한 부분을 고치고 바꾸는 방법론을 논하고 있었다. 나는 그 방법론대로 내 삶을 바꾸려고 노력했다. 그러나 그렇게 바꿔나가다 보니 나 자신이 자꾸 부족한 사람처럼 느껴졌다. 해도 해도 끝이 없는 일처럼 자꾸 고쳐야 할 부분만 계속 생겨났다. 자기계발 중독에서 벗어나야 했다. 나는 얼마나 많이 읽는 것이 중요한 게 아니라 그 책을 읽고 얼마나 내 것으로 만들고 실천하느냐가 중요하다는 걸 알게 되었다. 방법론을 다룬 책은 적당히 필요한 만큼만 읽고 실천하는 것에 초점을 맞췄다.

문학 작품의 필요성도 다시 한 번 느꼈다. 문학 작품은 그 어떤 책보다도 마음을 풍요롭게 채워준다. 오랫동안 작가로 살아가려는 사람에게 마음의 풍요는 더 중요하다. 마음이 텅 비어 있으면 글이 나오기가 어렵다.

3) 책 한 권을 쓰기 위해 얼마나 책을 읽어야 할까?

쓰는 책의 종류에 따라 필독서의 양은 달라질 수 있다. 나의 경우 본 책을 쓰며 읽었던 에세이만 70~80권 되는 것 같다. 그 외에 독서법이나 책 쓰기, 글쓰기 등과 관련된 참고도서까지 더하면 이보다 훨씬 더 많다. 자신의 자전적인 에세이를 쓴다고 해도 당연히 책을 읽어야 한다. 그 이유는 자신의 이야기만을 나열하면 독자들은 작가의 일방적인 글이라며 읽으려 하지 않기 때문이다. 앞에서 말했다시피 사람들은 남의 이야기에 별 관심이 없다. 단 자신에게 이득이 될 뭔가가 있으면 몰라도. 남의 이야기에 관심 없는 독자에게 자신의 이야기를 이해시키기 위해서는 다른 책의 내용이나 사례를 함께 인용해야 설득력이 생긴다. 한 줄의 문장을 쓰기 위해 수십 권의 책이 필요하기도 하다. 결코 독서를 머뭇거려서는 안 된다.

일본의 대표 지성 다치바나 다카시 선생은 한국의 이어령 선생과 마주한 자리에서 자신의 독서 경험을 말했다. 다치바나 다카시는 독서론과 독서술의 저술가로 유명한데, 우리나라에도 《나는 이런 책을 읽어 왔다》, 《자기 역사를 쓴다는 것》, 《다치바나 다카시의 서재》 등의 책이 소개되어 있다.

"애니메이션의 거장 미야자키 하야오의 새 영화 〈바람이 분다〉의 영화 팸플릿에 들어갈 추천의 글(2,400자 분량)을 쓰기 위해 막대한 분량의 독서를 했다. 항공공학에 대한 기초지식이 있었음에도 불구하고 초기 비행시대를 다룬 영화를 이해하기 위해 항공공학에 관련된 책을 읽었고, 영화의 시대적 배경인 관동 대지진 등에 관한 정보를 얻기 위해 수십 권의 책을 산더미처럼 쌓아놓고 읽었다. 게다가 전후 도쿄대 연구소 변천의 역사까지도 공부했다. 글쓰기는 실증적인 것이고, 지식의 재생산 과정은 이런 독서에 기초한다. 책을 쓴다는 건 바로 글을 쓴다는 것이다. 그리고 글을 쓰기 위해서는 무던히 읽을 수밖에 없다. 책을 가장 많이 읽는 이는 책을 만들고 쓰는 사람들이다."

추천 글 하나 쓰는 데도 엄청난 책을 읽는 사람도 있는데, 더구나 그 사람은 최고의 지성인데, 하물며 평범한 사람들이 책 한 권 쓰는 일에 얼마나 많은 책이 필요하겠는가. 단 여기서 중요한 것은 남들의 사례를 인용하려면 자신의 글과 잘 호응이 되도록 해야 한다는 것이다.

한편 책을 쓰는 데 들어가는 사례에는 꼭 책 내용만 들어가는 게 아니다. 드라마나 영화 속 대사를 쓰기도 하고, 주변 사람들의 이야기가 들어가기도 한다. 이렇게 사례가 풍부하면 글이 가독성이 좋아지고 재미있어진다. 평소에 재미있는 이야기를 듣고 메모를 해두면 책을 쓰면서 많은 도움이 된다.

평범한 사람들의
책 쓰기에 대하여

---

1) 글쓰기와 책 쓰기는 같은가?

어떤 작가는 같다고 말하고. 어떤 작가는 다르다고 말한다. 나는 근본은 같을지 모르지만 분명 다른 영역이라 생각한다. 습작할 당시 매일 10페이지씩 글을 썼다. 그렇게 매일 글을 쓰다 보니 글 쓰는 감각 즉 글 쓰는 근육이 생긴 것 같았다. 훈련되었다고나 할까.

그렇다고 내가 글을 잘 쓴다는 말은 아니다. 다만 글을 쓸 때 두려움이 없어졌다는 뜻이다. 그런데 책 쓰기 수업을 들으며 많은 부분에서 내 글의 문제점을 발견했다. 이제껏 내가 써온 글은 하나의 칼럼으로는 가능할지 몰라도 책으로 탄생하기에는 한계가 있었다.

한 꼭지 한 꼭지의 글만 모아놓으면 책이 된다는 말이 있다. 일부는 맞는 말이지만 잘못 이해하면 무조건 글만 쓰면 되는 것으로 생각할 수 있다. 책 쓰기는 종합예술이라고 할 수 있다. 단순한 글모음이 아니라 하나의 주제 안에서 각각의 글들이 맞물려 어우러져야 한다. 전체적 구성을 짜고 조화가 이루어지도록 신경을 써야 한다.

양원근 작가는 자신의 저서 《책 쓰기가 이토록 쉬울 줄이야》에서 제작자와 기획자의 중요성에 대해 말한다. 배우와 감독은 엄연히 다르다. 배우는 연기만 잘하면 되지만 감독은 배우들의 연기뿐만 아니라 전체적인 상황에서의 조화를 생각해야 한다. 영화도 하나의 예술 상품이기에 마케팅 측면도 고려해야 한다. 책도 마찬가지다. 작가가 글만 써서 되는 일은 아니다. 기획, 편집, 마케팅 등 여러 가지 조건이 맞물려야 한다. 책을 쓰려는 사람은 이런 여러 가지 사항을 전반적으로 감안해야 한다.

2) 책을 쓸 때 빨리 쓰는 방법은?

내 경험상 세 가지로 나눠볼 수 있다. 구성, 메모, 독자연구다.

책 쓰기 수업을 들을 때 내 머리를 강타하는 단어가 있었다. 바로 '구성'을 짜라는 말이었다. 즉 글의 밑그림을 그리라는 말이 내게는 신선하게 느껴졌다. 책은 하나의 주제 안에서 각각 글들의 모임이기에 구성은 필수라는 것이다. 구성을 탄탄하게 하는 것은 더 쉽게 글을 쓸 수 있는 방법이었다.

이 말을 듣기 전까지 나는 감으로만 글을 써왔다. 제목을 정하고 그 제목에 맞게 내키는 대로, 손이 가는 대로 써왔기에 전체적 흐름에 대한 생각은 많이 고려하지 않았다. 그런데 책 쓰기 선생님은 한 꼭지의 글을 쓸 때 전체적인 주제를 생각하며 구성을 짜고 나서 쓰면 훨씬 좋아진다고 했다. 나는 선생님의 가르침을 실천했다. 글을 쓰다가 막힐 때마다 원점으로 돌아가 내가 말하고 싶은 것이 무엇인지 생각해보았다. 생각이 정리되면 그 내용을 쓰기 위해서 어떤 식으로 글을 끌고 나갈 것인지 구성을 짰다. 구성을 염두에 두고 썼더니 글이 훨씬 좋아졌다.

두 번째는 메모다. 나는 책 콘셉트가 정해지면 목차를 짠다. 목차를 복사해서 여기저기 붙여놓는다. 그리고 그 목차 꼭지에 맞는 내용이 생각나면 무조건 메모한다. 처음엔 일일이 수첩에 적다가 요즘은 휴대폰에 있는 메모장에 정리한다. 수첩은 볼펜까지 있어야 하지만 휴대폰은 언제 어디서든 손가락만 있으면 쓸 수 있어서 편리하다. 잠을 자다가도 문득 아이디어나 꼭지에 들어갈 내용이 생각나면 무조건 메모한다. 책을 읽는 중에, 드라마를 보는 중에 책과 관련된 내용이 나오면 메모를 한다. 꼭지별로 어떤 내용을 채울지 간단하게 메모해두면 나중에 본격적으로 글을 쓸 때 훨씬 속도감이 붙는다.

세 번째는 독자에 대해 연구해야 한다. 독자에 대해서는 철저하리만큼 구체적으로 파악해야 한다. 송숙희 작가의 책을 보면 유난히 가독성이 뛰어나고 재미있다. 그 이유는 독자가 듣고 싶어 하는 언어로 썼기 때문이다. 그는 독자 연구를 철저하게 하라고 주문한다. 유난스러울 정도로 말이다. 지독하리만큼 유난스러운 연구가 가독성 있고 중독성 있는 글을 낳는다. 독자를 연구하지 않고 만든 책은 독자에게 사랑받기 어렵다.

여기에 하나를 덧붙인다면, 콘셉트가 명확하게 드러나는 제목을 정하고 쓰면 훨씬 집중이 잘 된다는 것이다. 지금 독자가 읽고 있는 내 책의 제목은 이 제목이 아니었다. 제목 때문인지 글이 자꾸 겉도는 것 같아 제목 고민을 심각하게 했다. 다른 책에서 힌트도 얻어 보고 이런저런 방법을 써보며 궁리했다. 그러다가 새벽에 우연히 지금의 제목이 떠올랐다. 그 뒤로 글 내용이 명확하게 잡혀갔다. 그전에는 약간 두루뭉술하던 글이 제목이 명확해지면서, 그 제목이 콘셉트를 온전히 드러내면서 내용이 구체화되었다.

3) 경험이 많다고 책을 잘 쓸 수 있을까?

구슬도 꿰어야 보배가 된다. 구슬과 같은 경험이 많으면 물론 유리하다. 단 그것을 하나의 콘텐츠로 구현해서 담아내야 한다는 게 중요하다. 어른들이 흔히 이야기한다. 자신이 살아온 삶을 책으로 쓰면 열 권도 부족하다고. 하지만 쓸거리가 많다고 모두 책을 쓸 수 있는 건 아니다. 통일성 있고 간결하게 꿰어야 한다. 경험이 많으면 유리하지만 적다고 불가능한 것은 아니다. 어떻게 콘텐츠로 담느냐에 좋은 이야기로, 작품으로 거듭날 수 있다.

보통 책 한 권에는 하나의 주제만 담으라고 말들 한다. 《책을 내고 싶은 사람들의 교과서》의 저자 요시다 히로시도 그런 말을 한 사람 가운데 한 명이다. 그는 책은 어떤 내용으로 기획해서 콘텐츠를 만들어 내느냐가 중요하다고 한다. 우리가 흔히 접하는 내용이라고 해도 아주 좋은 콘텐츠가 될 수 있다는 말이다. 독자들은 잡탕식의 지식을 좋아하지 않는다. 자신이 필요한 것만 얻으면 그만이다. 한 권의 책에서는 하나의 주제만 다루어도 충분하다. 잡탕식의 지식을 하나의 응축된 콘텐츠로 만드는 것이 중요하다.

4) 책 쓰기 수업은 언제부터 들어야 하는가?

나는 4년간 고군분투하며 책 쓰기에 도전했다. 글쓰기 훈련을 했지만 사실 혼자 책을 쓰는 일은 만만한 게 아니었다. 콘셉트를 정하는 일, 목차를 짜는 일부터 쉽지 않았고, 글을 써도 누군가가 피드백을 해주지 않으니 막막하기만 했다. 소설이나 시라면 모르겠지만 실용서는 달랐다. 내가 쓰고 싶은 대로 맘대로 쓸 수는 없었다. 처음엔 글만 쓰면 되는 줄 알았다. 그러나 책을 쓰는 일은 단순한 글모음이 아니었다. 남편을 설득해서 책 쓰기 수업을 듣기로 했다. 교육을 하는 곳은 많았다. 어떤 곳은 베스트셀러 작가가 운영하는 곳이었는데 유명세 때문인지 교육비가 엄청났다. 한눈에 봐도 상업적인 냄새가 확 풍겼다. 마치 교주처럼 수강생들을 모으는 것이 별로 믿음이 가지 않았다. 교육기관의 이런저런 사례를 보며 어떤 것을 살펴봐야 할지 정리해보았다.

첫째는 교육하는 사람이 전문적으로 글을 쓰는 사람이어야 한다.

둘째는 기획이나 출판에 있어서 전문가가 있는 곳이어야 한다. 앞서도 말했지만 아무리 글을 잘 쓰는 사람이라고 해도 출판하는 일은 다른 분야이기 때문이다.

셋째는 수업이 끝나고도 별다른 비용 없이 '내' 책이 나올 때까지 신경을 써주는 곳이어야 한다. 대부분 수강이 끝나면 나 몰라라 해서 교육비만 내고 책을 못 내는 사람들이 많다는 것을 알게 되었기 때문이다.

넷째는 수강료가 적절해야 한다는 것이다. 교육하는 곳을 알아보다가 교육비를 보고는 입이 다물어지지 않았다. 천만 원이 훌쩍 넘기도 했고, 컨설팅 한 번 할 때 적지 않은 돈을 지불해야 한다는 것을 알았다. 그렇게 이것저것 하라는 대로 다 해서 책을 쓴 사람 중에는 책 한 권 내는 데 1억이 넘는 돈을 쓴 사람도 있다고 한다.

내가 원하는 조건에 맞는 곳을 찾았다. 기획사에서 하는 교육이었다. 10주간의 수업은 내게 너무도 귀중한 경험이 되었다. 선생님은 오랫동안 글을 써온 작가였기에 내가 그동안 알지 못했던 글쓰기에 대한 생생한 교육을 들을 수 있었다. 이제껏 내가 놓쳤던 부분, 글을 쓰는 요령, 책 쓰기에 필요한 기본적인 조건 등을 꼼꼼하게 배울 수 있었다. 이 수업을 듣고 내 허접한 글은 점차 모양을 갖춰갔다.

그렇다면 책 쓰기 수업을 들어야 할 시점은 언제일까?

만약 내가 책을 쓰기 위해 처음부터 수업을 들었다면 과연 그 수업이 내게 그렇게 크게 와 닿았을까? 그렇지 않았을 것이라 생각된다. 내 경험상 자기 단련의 시간을 충분히 거치는 것이 좋다. 작가가 되겠다고 처음부터 자기 단련의 시간을 건너뛰고 바로 수업부터 받게 되면 그 배움이 묻어나기도 전에 흘러가버리지 않을까 싶다. 6개월이든 1년이든 혼자 글을 쓰고 책을 읽으며 글쓰기가 무엇인지 스스로 느낀 다음 수업에 뛰어드는 것이 좋다고 생각한다. 그러면 생각을 정리할 수 있고, 개선점도 찾을 수 있으며, 수업 내용을 빠르게 흡수할 수 있다. 수업 내용을 자신의 것으로 만들어 효율적으로 활용할 수 있는 안목이 생긴다.

물론 콘텐츠가 확실하고 글쓰기에 자신 있는 사람, 평생에 책 한 권만 내는 것으로 만족할 사람은 바로 수업을 받고 빨리 책을 쓰는 게 좋을 수도 있다. 하지만 작가의 길을 계속 가고 싶은 사람이라면 어느 정도 독자적인 훈련 기간이 필요하다. 그 훈련이 잠재력이 되고 능력이 된다.

아주 작은 꿈이 이뤄낸 커다란 삶의 기적

글을 쓰고 싶었다.

작가가 되고 싶었다.

그래서 글을 쓰기 시작했다.

그리고 매일 글 쓰는 습관으로 나는 작가가 되었다.

작가가 된 나는 여전히 글을 쓰고 있다.

작가는 글을 쓰는 사람이기에.

예전에는 어떤 일을 할 때 쉽고 빠르게 가는 길을 찾기에 급급했다. 빨리 돈을 벌고 싶었고, 빨리 유명해지고 싶었고, 빨리 성공하고 싶어 지름길만을 찾아 헤맸다. 이런 조급한 마음은 오히려 내 꿈에 걸림돌이 되었다. 마음이 조급해지면 가장 중요한 기본기는 무시하고 화려한 잔기술에 마음을 뺏겨 중요한 걸 놓치게 된다. 책 쓰기도 그렇다.

시중에는 수많은 책 쓰기 책이 있다. 그 책들 대부분은 쉽고 빠르게 책을 쓰는 방법을 말한다. 어떻게 하면 책을 써서 유명해지고 성공할 수 있는지에 대해 말하며 우리를 유혹한다. 그것이 꼭 나쁜 것은 아니다. 누군가에는 정말 필요한 처방전이 될 수도 있다. 나 또한 처음에 책 쓰기 책들을 자주 기웃거렸다. 모두 다른 내용의 책인 듯 보여도 결국 가장 중요한 건 글을 써야 한다는 것이었다. 글을 써야 한다는 것, 나에게는 이것이 딱 알맞은 처방전이었다.

책 쓰기 책이 알려주는 기술이나 방법을 따라 해보기 전에 가장 먼저 해야 할 일이 있다. 그것은 아주 중요한 일이다. 바로 글쓰기다. 단 한 권만 쓰든 수십, 수백 권을 쓰든 기본은 글을 써야 한다는 것이다. 쓰레기 글이든 말이 안 되는 글이든 일단 글을 써야 한다. 글을 쓰지 않고 방법만 알면 아무 소용이 없다. 스티븐 킹이나 조정래 작가와 같은 대가들도 많이 읽고, 많이 쓰고, 많이 생각하라고 하지 않던가. 일단은 매일 글을 써야 한다.

예전에 나는 너무 멀리에 있는 내 꿈이나 목표를 보며 살았다. 성공한 작가, 스테디셀러 작가가 되어 유명해지고 부유해지는, 그런 미래에 초점을 맞춰 살았다. 그런 내 모습을 꿈꾸고 상상했다. 그러다 보니 마음은 조급해졌고 빠르고 쉽게 갈 수 있는 지름길을 찾으려 했다. 책 쓰기 책들의 달콤한 유혹에 빠질 뻔했다.

한 프로그램에서 방송인 유재석은 목표나 계획을 세우지 않는다고 말했다. 목표나 계획을 세우면 반드시 달성해야 하는 자신의 성격 때문에 스트레스가 생긴다는 이유였다. 나는 유재석의 말을 곰곰 생각해보았다. 현재 자기 일을 즐기며 최선을 다하는 것이 오히려 막연한 목표를 좇는 것보다 낫다는 말이라고 해석했다. 그 해석에 이르자 유재석의 말에 충분히 공감할 수 있었다.

어느 광고에서 말한다.

"꿈을 너무 낮은 곳에 두지 마라. 그곳은 이미 당신이 지나쳐온 길일 수 있으니."

나는 이 말을 살짝 바꿔서 말하고 싶다.

"꿈을 너무 멀리 두지 마라. 당신이 실천하는 과정에서 지쳐 포기할 수 있으니."

지금 현재에 집중하자. 글쓰기의 꿈을, 작가의 꿈을 너무 멀리 두지 말고, 쓰자.

나는 글을 쓰고 싶었고 매일 10페이지씩 글을 썼다. 나와의 약속을 어떻게든 지키려 노력했다. 하루라도 글을 쓰지 않으면 꿈을 이루지 못할 것 같아 불안했다. 매달 한 권의 노트가 채워질 때마다 나는 조금씩 꿈에 가까이 다가간 것 같아 뿌듯했다. 또한 나를 더 믿게 되었고, 내 꿈에 당당해졌다. 그전에는 누군가에게 작가가 꿈이라고 감히 말하지 못했다. 그런 내가 2년, 3년 꾸준히 글을 써나가자 스스로를 인정하기에 이르렀다. 자신 있게 꿈을 말할 수 있게 되었다.

"요즘 뭐하며 지내?"

누군가 이렇게 물으면, 거리낌 없이 대답했다.

"책 쓰려고 준비하고 있어."

나는 천부적인 재능도 없고 글쓰기를 따로 배우지도 않았다. 그저 매일 글을 썼을 뿐이다. 지금도 나는 내 부족한 부분을 채우기 위해 다른 작가들이 어떻게 쓰는지 참고하며 계속 배우고 있다. 단련하고 있다.

당신, 작가의 꿈을 꾸고 있는가?

또 다른 당신, 재능이 없어서, 시간이 없어서, 자신이 없어서, 나이 때문에, 남의 이목 때문에 작가라는 꿈을 내려놓았는가? 그렇다면 모두 펜을 들어라. 바로 지금 펜을 들고 노트를 펴서 글을 써라. 그 작은 시작이 당신의 인생을 송두리째 바꾸어놓을 것이다.